憲法の力

伊藤 真
Ito Makoto

a pilot of wisdom

目次

本著作は、二〇〇五年一一月から二〇〇七年五月にかけて、『マガジン９条』（www.magazine9.jp）に掲載した「伊藤真のけんぽう手習い塾」を元に大幅に加筆修正したものです。

編集協力／塚田寿子

はじめに

■政治的なクーデターが起ころうとしている

唐突ですが、憲法及び憲法改正にまつわる基礎クイズです。合っているかどうか、○か×か、考えてみてください。

1　憲法は、法律の親玉みたいなものだ
2　憲法改正は、内閣及び総理大臣の主導で行うことができる
3　憲法には、国民が守らなければいけないルールや義務が書かれるべきだ
4　憲法は、国民投票で国民の四人に一人の賛成でも改正されることもある

さあ、どうでしょうか。実は1から4までの答えは、憲法学的にいえば全部×です。全部が「そんなことはない」と否定されるものであるはずです。しかし二〇〇七年現在の日本、安倍政権下では、この項目の内容に近いことが行われている、または行われようとしているのです。

安倍総理は、二〇〇七年一月の年頭記者会見で次のように述べました。

「今年は憲法が施行されて六〇年であります。憲法を、是非私の内閣として改正を目指していきたいということは、当然参議院の選挙においても訴えてまいりたいと考えております」

全国紙でもテレビでも伝えられたこの発言に、私は非常に驚きました。

「内閣として憲法改正を目指す」ということ。「参議院選挙で憲法改正を争点にする」ということ。そして、「改正」といってはいますが、（自民党が掲げている新憲法草案をみればわかるように）実際は今の日本国憲法を捨て去り、まったく新しい憲法を作る「新憲法制定」をもくろんでいるということが、その理由です。

これは、「政治的なクーデター」ともいえるものです。なぜなら、明らかに現行憲法の価値を否定し、憲法九九条に明記されている「憲法尊重擁護義務」の違反に当たるからです。総理大臣と国務大臣は、憲法尊重擁護義務を負い続け、内閣として憲法改正をめざしたり、ましてや新憲法制定など許されるはずはないのです。

憲法は主権者である国民のものです。その憲法の力が政治家によって弱められ、ないがしろにされている――日本は今、そんな正念場を迎えています。ところが日本国民の間には、実にまったりとしたムードが漂っています。

憲法が本来の力を失い、クーデターが起ころうとしている非常事態なのに、国民がこんなに平静でいられるのはなぜなのでしょうか。さまざまな理由があるとは思いますが、私は「みんなで憲法の話をしてこなかったからだ」と考えています。

憲法の話だけでなく、国民の誰もが政治や法について議論する経験をしてこなかった、といえるのかもしれません。飲み屋でサラリーマンたちが、会社の人間関係や景気、社会経済の話をしているのはよく目にするところですが、憲法論議をたたかわせている姿はあまり見かけないですよね。

■議論することが民主主義の基本では？

私は司法試験を受験する人のための学校「伊藤塾」を主宰し、自ら教壇に立ち、またさまざまな人たちを相手に日々「法」について指導しています。塾だけでなく、大学に行って講義をすることもありますし、中学校や高校に呼ばれて話をすることもあります。

子供たちや若い学生たちに接して感じるのは、あるテーマについてみんなで話をする、議論することに慣れていないなあ、ということです。私は中学時代をドイツで過ごし、外国人の友人も多くいるのですが、彼らと比べると、多くの日本人は自分の考えを否定されることをとても恐れているようです。

「自分の意見が人と違っていたらどうしよう」「こんなことをいって、〝空気の読めないヤツだ〟と思われたらどうしよう」と、まわりに同調しなければ、という強迫観念にかられている気がします。

言い換えると、「今、この場でどういう意見を述べるのが、正解なのだろうか」ということを気にするあまり、自分の意見が自由にいえなくなっている、自分の意見を持てなくなっているようにも思えます。結果、何も考えずにすませてしまうのです。

みんなで話し合う。議論することで、何が正しいかを考える――それが法の世界の基本であり、民主主義の基本です。

もし正しい答えが最初から決まっているのだとしたら、それを見つければいいだけで、話し合いは必要なくなります。驚いたことに、司法試験をめざそうとしている学生でさえも、そういった民主主義の基本を理解していない人が少なくないのです。「自分の意見は控える」「大勢に従う」といった態度が、「大人だ」とか「日本人らしさ」だと誤解しているのではないか、と危惧《きぐ》してしまうほどです。

ですから、伊藤塾の最初の講義では「各人がそれぞれの意見や考えを持ち、それを話し合うことで深め、何が正解なのかをみんなで見つけだしていくことが民主主義である。異なった意見を述べることは、議論を深める上で価値がある。人と違っていようがどんどん自分の意見をいうべきである」という、基本中の基本から教えなければなりません。

「まわりを気にするあまり、異なった意見が述べられない」――それは何も、若い人や学生、子供だけの話ではないようです。最近は、大人の世界でも感じます。北朝鮮の拉致問題やテポドン発射についての言説、ライブドア前社長の堀江貴文さんが逮捕された前と後でのメディアの反応など、マスコミや大人たちの行動をみていると、「これが正しいんだ」といった一つの意見が、わっと日本全体を覆ってしまい、反対意見や異論が述べられなくなってしまう傾向があると思います。それは健全な社会の姿とはいえず、民主主義でもありません。

民主主義とは、選挙で政治家を選ぶとか、多数決で何かを決めるということだけをいうのではありません。何が正しいか正解がわからないから、みんなで多様な意見を出し合って、議論をして、より正しい答えを導き出していく、というものです。だから議論の過程がとても重要であり、自分とは異なる意見を尊重することも重要なのです。

■憲法について話をしよう

フランスの大学入学試験では、「自由と平等について考えよ」というようなフランス憲法の原則についての考えが求められるといいます。家庭の中でも、政治の話、法の話、移民問題などを日常的に話し合っているので、その結果、国民が政治や社会問題に高い関心を持つことになります。若い層（三〇歳未満）の政治への関心も高く、二〇〇七年フランス大統領選挙の投票率も、八四・六％（決選投票では八三・九七％）ありました。

一方、日本では前述のように、異なる意見を述べ、議論をするのが苦手になっていて、友達同士や家庭の中で、政治や法について話をする場面は少ないように感じます。それを反映してか、投票率についても、二〇〇五年の衆議院選挙の投票率は小選挙区で六七・五一％でした。前回に比べて八ポイント近くアップしたとはいえ、このときの二〇歳から二九歳の若者の投票率は、四六・二％（半数以下！）です。こういった点からも、この国では、まだまだ本当の意味での民主主義が確立できていないのではないでしょうか。それどころか若者を中心に急速に政治不信、民主主義の崩壊が進んでいるのではと思わざるをえません。

それなのに、今、民主主義の根幹にかかわる憲法を変えようという動きが急速に高まっています。民主主義が成熟していないのに、民主主義の名の下で憲法を変えようとしている！　これは大変危険だ、と私は危機感をつのらせています。国民全般の憲法論議のないまま、憲法を変えたい政治家や財界人など一部の人たちの主導によって、事態が進んでしまうことは「民主主義の崩壊につながる危機」です。一刻も早く、憲法について、主権者である私たち一人ひとりがじっくりと考え、意見を言い合うことが求められているのです。

かくいう私も、二〇歳ぐらいまでは、憲法にほとんど無関心でした。大学は法学部を選んでいたにもかかわらずです。あるとき、日本を訪れていたアメリカ人の友人に「日本の憲法でいちばん大切なものをひと言でいうとなんだ？」と聞かれ、即答できなかったのです。彼に「そんなことも答えられないの？　アメリカだったら、小学生でもわかるよ」といわれ、私自身、大きなショックを受けたものです。しかしそれがきっかけで、憲法について真剣に勉強をするようになりました。本を読み、歴史を調べ、そして発見したのです。

「日本の憲法は、独自性にあふれている。なんてすばらしいのだ！」

そして私は、この人類の英知が結集したともいうべき日本国憲法のすばらしさを伝えたいと、二五年以上活動してきました。憲法に無関心だった私だからこそ、憲法をわかりやすく伝えることができると自負しています。司法試験の受験指導でつちかってきた私の指導テクニックも、少しは役に立つでしょう。

本書は、みなさんが憲法について話をするための手引き、ツール、あんちょこ、虎の巻、反論の材料にしてもらえたら、と考えています。議論をするためには、自分の頭で考えた、自分の考えを持つことが第一に求められます。人の意見にただ同調するのではなく、自分の意見を持つ。そのための参考資料や、きっかけにしてもらえればうれしいです。議論を重ねることで、日本国憲法が持つ途方もない底力に、みなさんも気がつくでしょう。

アメリカではホテルのショップのレジ横に、アメリカ合衆国憲法のハンドブックが置いてありました。フランスでは、カフェやバーで、スポーツや恋の話と同じように憲法論議をたたかわせている人たちを見かけました。日本でも、「なんだか最近憲法のことが少し気になる」「何が起きているのか知りたい」というみなさんに、本書を読んでいただき、家庭や学校で、居酒屋や喫茶店で、ファーストフード店で議論してほしいのです。

憲法の話をすることが、ださい、むずかしい、めんどうくさいではなく、カッコいいと思えるような、「普通の国」にしていきましょう。

そして、私たちの日々の生活や人生に日本国憲法の力を役立てていきましょう。

第一章　このままで公正な国民投票ができるのか

■改憲論議をする前に

二〇〇七年、参院選を前に改憲論議が熱を帯びてきています。世論調査においても、改憲を支持する人が、過半数を超えていると報じられています。憲法改正の手続法である「国民投票法」は、二〇〇七年五月一四日、十分な審議をつくしたとして、成立しました。しかし、国会においても、国民の間においても、残念ながらどれだけの人が憲法について正しく理解した上で議論をしているのか、はなはだ疑問です。

「憲法は法律の親玉みたいなもの。だから憲法も政治家や官僚が決めるんでしょう」

そんな声を今でもよく耳にするからです。

憲法の根源的な意義・役割は、「国家権力に歯止めをかけること」です。これは、憲法学のもっとも基本であり、常識です。「法律は国民を縛るもの」ですが、「憲法は権力を縛るもの」です。

しかし、国会の憲法調査特別委員会での委員のみなさんの発言や、自民党が出した新憲法の草案を読むと、そういった基本原則を無視し、議論を強引に進めようとしているようです。そんな状況での憲法改正論議は、あまりにも稚拙であり、まやかしではないでしょうか。

また、成立したばかりの国民投票法は、憲法改正に関係のある重要な法律ですが、制定の目的や具体的な中身について、まだまだ国民の理解や認知度は低いと感じます。しかし、これもまた新教育基本法と同じように、国民においては大きな論議を待たずに成立してしまいました。

憲法は、私たち国民のものです。変えるか変えないか、それを決めるのも主権者である国民です。私たちは、憲法と法律の違いや、立憲主義や民主主義の真の意味や役割について知らなくてはなりません。それが、今の改憲論議の問題点を見きわめるための基礎であり、世の中の〝よくわからないこと〟を理解し、〝漠然とした不安〟を解決する早道なのです。

■護憲派ではなく立憲派として

私の現行憲法についての考えや、立場を簡単に話しておきましょう。日本国憲法は、総じてよくできた憲法だと考えます。特に統治機構の部分において、中央と地方の役割分担の発想など、とてもよく考えてあると感心します。そして私は、戦争放棄をうたった「積極的非暴力平和主義」の考え方に賛同しています。

とはいえ私は、ある意味、護憲派ではありません。今の憲法をそのままで、じっと守ろうとは思っていないからです。自分では、立憲派と自認しています。「立憲主義」とは、国家権力を法的に制限した憲法に基づいて政治を行うことをいいますが、私は、そのときどきの憲法によって権力を拘束する、立憲主義それ自体に意味を見いだしているのです。

今の憲法も当然ながら不十分なところはいくつかあります。たとえば、参議院の緊急集会は衆議院が解散されたときにしか召集できませんが、本当は衆議院の任期満了の際にも対応するべきでしょう。

また現行憲法は、人間中心の憲法になっています。この人間中心であるという点は、日本国憲法が、近代キリスト教社会の価値観をベースにして作られた欧米諸国の憲法の正統派の流れをくんでいることの証《あかし》でもあり、優れた点でもあります（現行憲法の本質的価値についてはあとで詳しく説明することにします）。しかし、人間中心の憲法のため、植物や動物、自然のことはまったく考えられていません。この地球の生きとし生けるものを包含する大きな生命という点からみれば、人間も生命の一つにすぎないのですが、そうした謙虚さはあまり感じられません。この点は個人的には少し不満ですし、今の時代のことを考えたら、地球環境について積極的に言及する条文の必要性も感じています。

まあ、どこの国にも完璧な憲法などありませんから、このぐらいは当然かもしれません。私がフランス人だったら、今のフランス憲法の本文にも人権条項ぐらいはほしいなあと思うでしょうから（現在のフランス憲法本文に人権条項はありません。前文に一七八九年のフランス人権宣言と第四共和制憲法が引用されているだけです。でも逆に、そこに近代憲法が誕生してから二〇〇年以上の歴史への誇りを感じるのかもしれませんが）。

■憲法調査特別委員会の参考人として発言

さて、私が考えているように「今の人間中心の憲法に、地球上に住む人間以外の生物に配慮した条文を加えるべきだ」と多くの国民が望むようになったとしたら、そのときは、憲法改正をしたほうがいいのかもしれません。では、憲法を改正するためには、どうすればいいのでしょう。それは、これからお話しする憲法改正手続きのための法律、国民投票法と深い関係があります。

二〇〇七年五月に国民投票法が成立するまでは、憲法改正のための手続きに関する法律はありませんでした。憲法九六条に改正手順について書かれていますが、具体的にどうするかという法律はなかったのです。なぜ法律を作ってこなかったのか、についてはいろいろと意見がわかれるところですが、憲法が制定されてから六〇年近くが過ぎ、改正手続きのための法律を制定しようという機運が、ここ数年大きな動きとなりました。そのための委員会「日本国憲法に関する調査特別委員会」が二〇〇五年から、「日本国憲法の改正手続に関する法律案等審査小委員会」が二〇〇六年から衆議院内に設置され、議論が続けられてきました。

実際、国会ではどのような論議が行われてきたのでしょうか。私は、二〇〇六年五月一八日に衆議院の日本国憲法に関する調査特別委員会に参考人として出向いて、憲法改正国民投票法制の要否、つまり国民投票法をどう考えるか、について話をしています。この日はもう一人、慶応大学法学部の小林節教授も参考人として呼ばれていました。

世の中では、私は護憲派、小林教授は改憲派と認識されているようです。小林教授と私とでは九条についての考え方に違いがありますし、国民投票法の制定を急ぐべきか否かについても逆の考え方を持っていますが、憲法の本質についての認識は一致しています。いろいろと教えていただくことも多く、法律家として教育者としてとても尊敬している先生です。

おそらく、二人を呼んだ側としては、改憲派と護憲派で真っ向から意見が対立するであろうと考えていたのかもしれません。しかしこの委員会において、実際は憲法の意義や、イラクへの自衛隊派遣が憲法違反であること、愛国心を憲法の条文に盛り込むことに反対であることなどについて、私たちの意見はぴったりと一致して、当時の小泉政権のやっていることを憲法の本質からみて批判したものですから、聞いている委員側には驚きだったことでしょう。

特に、憲法とは国家権力を拘束するものであって、国民に義務を課すものではないという点について（当たり前のことですが）二人の認識は共通しています。私は、国民の間にこの共通認識がない段階で、改憲や国民投票法を制定するのは危険だと考えています。そして、最近では小林教授も自民党の議員の暴走ぶりをみて、このまま改憲に突き進むのはかなり危ないことだと考えられているようです。

それにしてもこのときの委員会の様子は、忘れることができません。憲法という国の根幹にかかわる法案の審議中であるのに、まるで学級崩壊を起こした小学校のようでした。委員は五〇名近くいるのですが、出席しているのは半数ほど。あとの半分は出たり入ったりを繰り返し、きちんとこちらの話を聞いてくれたのかどうか、疑問が残りました。

また、私が印象的に覚えているのは、自民党改憲賛成派のある議員の「これからの憲法には、国民の生命を確実に国が守るとか、領土の保全など国家に新たな役割を担ってもらうこと、つまり国に一定の権限を授ける法としての側面も必要だと思う」という趣旨の発言に対して、小林教授が根本的な誤解である、と反論されたことです。憲法にはもともとそういう側面があり、目新しいことではない。そこを強調することによって、憲法で国民の権利を制限しようとする方向に憲法が転化する危険がある、という趣旨の小林教授の指摘はきわめて明快でした。

改憲や国民投票法について議論するためには、議論する人々の間で、憲法の目的や意義において、ぶれていないことが大前提です。立憲主義的意味での憲法の本質――つまり憲法とは、国家権力を制限して国民の人権を保障するものであるという基本点において一致していなければ、議論が先に進みません。

あくまでも憲法は国家権力に対する歯止めであって、国民に愛国心を押しつけたり、責務を課したりするようなものではない、という原則をしっかりとふまえていることが重要です。国会では、そういったすり合わせが何よりも必要なことであり、国民投票法などはその先にあるべきものではないでしょうか。そもそも憲法の意義や役割において合意できていない人たちの間で有益な議論が成り立つのか、きわめて疑問に思いました。

いうまでもなく政治はさまざまな意見の妥協の場であり、妥協できるということは目的において一致しているからにほかなりません。そうした共通基盤がなく、憲法の存在意義や目的において合意できていない段階では、討論と妥協による議会制民主主義が成り立たないのではないかと考えます。

そして、私がこのとき、委員会に対して抱いた不安は、残念ながら的中してしまいます。自民・民主両党で調整が進められていた修正案も最終段階で決裂し、衆議院の憲法調査特別委員会では多数派である与党による国民投票法案の強行採決という幕切れとなったのです。

■憲法が定める改正の手続き

さて、国民投票法について具体的な話をする前に、まず日本国憲法はどのように改正手続きを定めているのかをみてみましょう。「第九章　改正　第九六条」には次のように書かれています。

第九六条　この憲法の改正は、各議院の総議員の三分の二以上の賛成で、国会が、これを発議し、国民に提案してその承認を経なければならない。この承認には、特別の国民投票又は国会の定める選挙の際行はれる投票において、その過半数の賛成を必要とする。

2　憲法改正について前項の承認を経たときは、天皇は、国民の名で、この憲法と一体を成すものとして、直ちにこれを公布する。

憲法改正は、まず、国会の各議院の総議員の三分の二以上の賛成で、国会がこれを発議して国民に提案します。発議などに関するこのあたりの手続きは、現行の国会法の改定によって行われることになります。

次に、特別の国民投票又は国会の定める選挙の際行われる投票において、その過半数の賛成を得ることで国民に承認され、改正が成立します。この手続きを規定するものが「国民投票法」です。「国会法の改正」とあわせて、「憲法改正手続法」と呼ばれています。

最後に天皇が、「国民の名で、この憲法と一体を成すものとして、直ちにこれを公布」します。現在の憲法と一体を成す、つまり今の憲法を生かし、その一部とすることが前提ですから、新たに新憲法を制定することは九六条では想定されていません。

こうした改憲手続きは、法律改正よりも厳格になっています。こうした憲法を「硬性憲法」といいます。法律改正と同じ手続きで改正できる憲法を「軟性憲法」といいますが、これでは、憲法に反する法律を簡単に作れてしまい（憲法のほうをあとから改定すればいいからです）、すべての法規範の中で最高の効力を持つという「憲法の最高法規性」が失われてしまいます。

つまり日本国憲法は硬性憲法を採用して、積極的かつ説得力のある、よほどの根拠がないと改正してはいけないことになっているのです。

■改憲のハードルを高くしている理由

民主主義の国であれば、そのときどきの政治的意思決定は国民の多数意思によって行われます。しかし、それはときに暴走し、多数派の横暴を招き、権力者を勢いづける危険性を持っています。そこで、多数派を背景に持つ政治権力であっても、常にその権力の行使をチェックし、行き過ぎを修正するための道具が必要となります。それが、憲法です。

憲法は、その時代の国民の多数派でも「やってはいけないこと」をあらかじめ規定しておくものなのです。

たとえば、日本の総理大臣が自衛隊に外国で軍事行動をとらせたいと考えたとしても、戦闘地域に派遣することはできません。日本国憲法九条二項に「国の交戦権は、これを認めない」とあるからです。もしこの憲法の規定がなければ、国会の多数派の支持によって自由に自衛隊を海外の戦闘に参加させることができてしまいます（ここでは自衛隊の合憲性についての問題には触れません）。

そのときどきの国民によって、法律改正と同じように単純な多数決で憲法改正ができてしまったのでは、憲法によって多数派に歯止めをかけた意味がなくなります。そこで憲法改正手続きを厳格にし、安易に多数派だけに都合のいい改憲ができないようにしたのです。

まず、改憲の発議自体が、各議院の総議員の三分の二以上の賛成を必要とする、としています。これにより、時の政権に都合のいいような安易な憲法改正発議を避けることができます。通常の議会制民主主義が成り立つ国であれば、与党だけで三分の二を超えることはないと考えて、野党も合意する内容でないと発議自体ができない、としているのです。

こうして与野党の国会議員の圧倒的多数が、改憲が必要だと考えて国民に提案したとしても、さらに最後のハードルとして、国民はそれを国民投票で否決することができます。

海外では以下のようなケースがありました。二〇〇六年六月にイタリアでは、地方分権と首相の権限強化、上院改革などが盛り込まれた憲法改正案について、国民投票が行われました。改憲反対派は、首相の権限強化は戦前への逆戻りだ、国民サービスの切り捨ては許さないという運動を展開しました。結果は、朝日新聞二〇〇六年六月二七日の報道によれば、有権者の五二・三％が投票し、反対六一・三％、賛成三八・七％の大差で、この改正案は否決されました。多くの国民が改憲反対と考えたのです。イタリアのある大臣は、これを受けて「イタリア国民は、現行憲法こそ基本原則だと承認した」と述べたそうです。

このように権力者にとって都合のいい改憲であっても、国民が自分たちにとって、この改憲は不都合だと考えた場合には、自らの意思を国民投票という形で示して否決することができるのです。

こういった日本国憲法の改正手続きとその硬性さを十分に理解した上で、私は国民投票法の制定を急ぐべきではない、という立場から、前述した憲法調査特別委員会で意見を述べました。それはこの法案に数々の問題点があると考えていたからです。そして、憲法という国の根幹にかかわる問題であったのに、国民投票法はあっけなく成立してしまいました。成立過程におけるこのようなまやかしは、後々まで引きずるのではないかと私はとても心配しています。

＊

では、私が委員会で述べた問題点を改めて取り上げながら、この法律制定の意味するものと中身について、説明していきましょう。

■国民投票の必要性と改憲の必要性は重ならないか

国民投票法については、論議の期間中、私はずっと懸念を持ち続け、この法律の制定には反対の立場をとってきました。それは、私は今の時点で、「憲法九条を変える必要がない」と考えているからです。

憲法九条という内容をどうするのかという話と、改憲のための手続きの話を一緒にするのはおかしい、という人もいます。一般論としてはそのとおりです。しかし、自民党の新憲法草案をみてもわかることですが、改憲を推し進める人たちの目的は、「九条を変えること」にあります。

最初に書いたように、私は立憲派であり護憲派ではありませんから、今回の憲法改正の目的が「人間中心の憲法から地球中心の憲法へ」といったものであり、適切な内容のものであるならば、私は国民投票法の制定自体には反対しなかったでしょう。そもそも、こういった議論になる前に、本来国民投票法は憲法制定と同時に制定するか、または具体的な改憲の論議が出ていないときに、中立的なものとして作っておくべきだったかもしれません。

しかし、今のように具体的な改憲論議が出ている以上、いくら中立的な手続法だといっても、それはまやかしである危険性が高まります。具体的な改憲を進めるための一歩として公正さがおざなりになってしまうのです。自民党の新憲法草案が二〇〇五年にすでに発表されているわけですから、「憲法九条も含め、この新憲法草案のように変えるためには、手続法としてのこの国民投票法も必要なんだ」と主張し、それを国民に提示して、護憲派であっても納得できるほどの公正さを持ったものを考えてもらう必要があったのではないでしょうか。

私は、国民投票法の必要性は改憲の必要性と重なると考えています。改憲の必要性を感じる人にとっては、手続法も必要になるというだけです。そして、これまでは必要性がないので作らなかった、というだけなのです。ですから、手続法の次には改憲がやってくるのです。

■国民投票法は、たかが手続法なのか

国民投票法をめぐっては、「そんなに反対しなくても、たかが（憲法改正のための）手続法ではないか。だから、法案を成立させても問題はない」という人たちがいます。

しかし、私は国民投票法を「たかが手続法」として軽視するべきではないと考えています。

法制度においては、手続きがすべてを決めることが往々にしてあるからです。裁判がその典型といっていいでしょう。たとえば、刑事裁判の手続きでも〝犯罪者を一人も逃さない〟という目的を持つのか、〝一人の無辜《むこ》をも処罰しない〟という目的（無罪の推定原則）を持つのかによって手続きは変わってきます。

一つの例として、「取調べの可視化」について考えてみましょう。現在の刑事訴訟法と

いう刑事手続きを定める法律では、警察などでの容疑者の取調べに際して、弁護士の立ち会いもなく密室で行われることを許しています。取調べの過程が誰にもわからないようになっているのです。その結果、無理な取調べによって、自白強要の危険がきわめて高くなってしまっています。このことが、ウソの自白の強要につながり、多くのえん罪の温床にもなっているのです。そこで、この取調べの様子をビデオなどで撮影して記録に残しておけば、後に、取調べの際の自白の強要が問題になったときに簡単に調べることができます。また、ビデオに撮られているということで無理な自白の強要はなくなるでしょう。えん罪の防止につながると考えられています。これが取調べの可視化であり、その制度化を求めた動きが日本弁護士連合会を中心にあります。

無実の人を一人も処罰しない、無罪の推定を徹底するのであれば、こうした手続きが必要なはずです。しかし、このような手続きが定められてしまうと、今度は自白を得ることがむずかしくなり、容疑者から自白を引き出して処罰することができなくなる可能性も高くなります。自白を得られずに真犯人を取り逃がしてしまうかもしれません。そこで警察はこうした取調べの過程に関する情報公開、つまり取調べの可視化に反対しているのです。

一人の無実の人を間違っても処罰してはならないと考えるのか、一人の真犯人を取り逃がしてはならないと考えるのかという刑事手続きに対する考え方によって、有罪無罪の結果が変わってくるのです。つまり、手続きが結果を左右することがあるのです。手続きは一定の目的との関係で常に存在するのであって、具体的な目的を持たない手続法を作ろうとしても、それはほとんど不可能です。

そして、人間のやることで結果が正しいかどうかわからないときには、手続きの正当性が重要となります。裁判の結果が正しいかどうかわからないからこそ、裁判手続きは適正であるべきですし、多数決の結果が正しいかどうかわからないからこそ、審議討論という過程が重要となるのです。

憲法改正の結果も、本当に国民にとって正しかったのかどうかは、すぐにはわかりません。だからこそ、手続きが重要なのであり、手続きが改憲の正当性を根拠づけるものとなるのです。たかが手続法といって軽視するべきではありません。

特に、国論を二分するような憲法改正のときには、反対した側がその結果に従うことができるのは手続きの正当性の裏づけがあるからこそです。納得できない手続きのときには、双方の対立や溝は埋まりません。国民にとって、それは不幸なことです。

あとになって（憲法改正の）正当性が疑われたりすることがないように、公正な改憲手続きが保障されなければなりません。つまり、改憲内容についての賛成派、反対派の双方が納得できる手続法でなければならないのです。

＊

それでは次に、成立した国民投票法の具体的な内容の問題点についてみていきましょう。

■問題点1　国民投票運動中の、表現・言論の自由が保障されていない

▼投票までの期間が短すぎる

憲法改正案は、国会各議院の総議員の三分の二以上の賛成を得られると、発議されます。発議後から国民投票までの期間は、国民投票運動——いわゆる賛否両派のキャンペーン合戦が行われることになります。

成立した国民投票法では、国会による憲法改正の発議から国民投票までの期間を「六〇日以後一八〇日以内」としていますが、私はこれでは短すぎると思います。憲法改正案について、国民が十分に理解し、そのような内容の憲法になったら自分の生活はどうなるのかをしっかりと考え、自分のこととして改憲を考えるだけの時間的な猶予が必要です。また、一時の感情的な盛り上がりではなく、あくまでも冷静に知性によって判断するためには、さめた眼で改正案をみる必要があります。

マスコミが過熱して連日報道したり、テレビのコマーシャル合戦が一日中行われる、その延長線上で国民投票が行われるのであれば、真の民主主義に基づく判断とはいえない結果に終わるでしょう。国会の発議から国民投票まで最低でも一年以上の冷静に熟慮できる期間が必要だと考えます。その点からも私は、この法律に賛成できません。

▼自由な議論が成り立つ公共空間が前提

また、この国民投票運動期間中は、自由な議論が成り立つ「公共空間」を保障することも不可欠の前提となります。国民投票法の意義は、「自由で公正な憲法改正運動を保障する」ことにあるといってもいいでしょう。だからこそ、国民投票法の中身は、自由で公正な国民投票運動を保障するためのルールとして重要になるわけです。これは、「表現・言論の自由」にかかわる問題でもあります。

憲法は二一条で、表現・言論の自由を保障しています。その理由はなんでしょうか。

まず、それぞれが自分の表現したいことを自由に表現することが、自分らしく生きていきたいという個人のために重要であるからです。これを「自己実現の価値」といいます。

次に、民主主義が成り立つためには、自由な意見発表と討論を保障することが必要だからです。主権者である国民が自由に意見を表明し討論しながら、政策形成に参加することが民主主義にとっては不可欠なのです。権力者が決めたことに考えもなく従うのではなく、自分たちが主体的に意見をいって、政治に参加していくには、自由な表現行為が許されなければなりません。これを「自己統治の価値」といいます。

また私たちの考えることとは、何が正しいのか、そう簡単にはわからないものです。私たちは独りよがりや思い込みで間違った判断をしてしまいがちです。他人の意見、多様な意見に触れることによって、私たちは自分の考えを是正したり、新しい意見を発表できるようになるのではないでしょうか。また、そのことによって社会全体としてもより正しい結論に達することができるはずです。そういった意味でも、自由な言論活動が保障されていることは重要なのです。

国会が発議した憲法改正案について、意見をいったり投票を働きかけたりする国民投票運動は、あらゆる立場の人たちが自由に行うことができてはじめて、民主的な手続きで改正がなされることになります。一部の人たちの自由な発言を封じて行われた国民投票はとうてい正当なものとはいえません。

▼公務員や教育者は何もいえない？

ところが、成立した国民投票法では、公務員及び教育者が、その「地位にあるために特に国民投票運動を効果的に行い得る影響力又は便益を利用して、国民投票運動をすることができない」と規制しています。「影響力又は便益を利用して」というあいまいで抽象的な言葉で、自由な言論活動を規制することは大問題です。たとえ罰則がなかったとしても懲戒処分の対象にはなりますから、公務員のみなさんや小学校の先生から大学教授までが、処分されてはたまらないと、国民投票の議案に対しての発言を遠慮してしまう危険性があります。公務員は憲法尊重擁護義務を課されているのですから、国民の中で憲法がどういう内容になるかに、もっとも利害関係のある人たちともいえます。その人たちの発言を萎《い》縮《しゅく》させてしまうような規制は許されるべきではありません。

しかも、国家公務員法や地方公務員法の「政治的行為の制限」の規定が、国民投票運動にも適用されることになりました。この規定によって、もともと公務員は（職務内容などに関係なく）一律に政治的行為を制限されています。政治的中立性の要請があるから、というのが理由ですが、これは、前々から不当な人権侵害であり憲法違反であるともいわれている規制なのです。

私も多くの憲法学者と同じように、この規制は憲法違反だと考えています。公務員の行う職務行為自体は中立的でなければなりませんが、党派性に左右されずに中立的に仕事を行えばいいだけで、公務員が一市民として、職務と無関係に行う政治活動を規制する理由はどこにもないからです。

ましてや憲法改正国民投票運動という重要な場面において、これを規制することは、なおさら許されることではありません。

表現・言論の自由の重要性を考えたとき、憲法改正国民投票運動ほどこの自由が保障されなければならない場面はない、ということがわかります。主権者たる国民にとって、国民主権の実現の場として自分の意見を発表できることが重要だというのは当然ですが、社会全体としても自由に議論できる場が保障されることは、間違った改憲とならないようにするために不可欠なのです。成立した国民投票法は、自由に議論できる場を保障しているとはいえません。

■問題点2　資金力の差が世論を左右するのでは？

私は、憲法改正国民投票運動中の表現・言論の自由に一つだけ例外があると考えています。それは、有料の意見広告です。

成立した国民投票法では、「国民投票の期日前十四日に当たる日」からテレビ、ラジオによる広告放送（CM）を禁止するとしています。法律制定の議論の際には、制限するべきではないという意見も出ていましたが、私は逆に、広告放送は一切許すべきではないと考えています。テレビ、ラジオなどの電波メディアを利用した意見広告は、その国民投票に賛成反対を問わず一切禁止するべきだと思います。

表現・言論の自由という観点からいえば、テレビなどの広告放送を自由に認めるのも一つの考えであることはわかります。そうすれば、確かに投票日直前は広告放送によって、議論も活発化するでしょう。

しかし、電波メディアを利用した意見広告を自由に認めてしまうと、情緒に訴えるマインドコントロールが行われる可能性があります。冷静に合理的に判断することが民主主義の前提ですから、その前提が成り立たないことがあらかじめわかっているのであれば、それを規制するのは当然のことです。理性的判断を奪うような電波メディアを通じた広告は、全面禁止にするべきでしょう。

また、資金力にものをいわせる有料広告としては、活字メディアを利用したものもあります。活字メディアであっても、新聞や週刊誌を通じた徹底したキャンペーンによるマインドコントロールの危険性はやはり存在するのですから、最低限の規制は必要だと考えます。

テレビのスポットCM（番組と番組の間に放送される単発のCM）は一五秒のものを全国に一〇〇本放送するのに一億円以上、新聞も全国紙五紙に全面広告を出すのに一億円以上の費用がかかるそうです。これでは、資金力のある者による意見表明が圧倒的に増えてしまうことが懸念されます。特に現在は財界が九条を改定し、軍隊を持ち、軍需産業への発注の増加や、武器輸出を可能にすることを大いに期待していますから、改憲キャンペーンへ提供される資金力は膨大になるでしょう。

企業による政治献金を株主代表訴訟によって抑制するなどの個別の措置をとって対抗することは当然としても、それとは別に、資金力による不平等が生じないように一定の制度的枠組みを設けておくことは必要なはずです。

もちろん、市民によるミニコミ誌やフリーペーパーなどによるものは、賛成反対を問わず自由に認めるべきですが、一定規模以上の商業誌を通じての有料意見広告は、賛否が対等な形で掲載されるように規制しなければフェアな制度とはいえないでしょう。

同様に政党が行う無料の意見広告も、賛否が対等に扱われるものでなければなりません。会派ごとの議員数によって時間枠や掲載枠の大きさが決まるのであれば、とても公正な制度とはいえません。

どのような広告が流されようとも、「それをみて判断するのは国民だし、それで正しい判断ができなくても国民主権のたてまえ上、仕方がない」と突き放す意見もありますが、これは適切な態度ではありません。事の重大さを理解していないのではないでしょうか。

国民投票を頻繁に行うスイスでも、テレビ、ラジオなどの電波メディアによって賛否を訴える意見広告は全面禁止となっているそうです。

賛否について意見や情報が公平に国民に伝わってこそ、国民は正しく判断できるのであり、手続きの正当性が確保されるのです。一方の主張のみが過度に強調されて伝わることがないように配慮しければならないことを再度確認しておきます。

■問題点3　最低投票率が決まっていないのに、正しい判断ができるのか

前述したように憲法九六条では、憲法の改正は、「国会が、これを発議し、国民に提案してその承認を経なければならない。この承認には、特別の国民投票又は国会の定める選挙の際行はれる投票において、その過半数の賛成を必要とする」と書かれているだけで

「何の過半数か」は書かれていません。一方、成立した国民投票法では、有効投票総数の過半数の賛成で改正が成立し、最低投票率ないし絶対得票率（全有権者比で改憲に必要とされる得票率）の制度は設けないこととなっています。

何が問題なの？　とみなさんは思うかもしれません。しかし、私は「国民の過半数＝有権者の過半数」が論理必然であり、最低投票率の制度を設けないことは、大問題だと指摘しておきます。その理由を述べるにあたり、まず日本における直接民主制と間接民主制についての説明しましょう。

▼日本における直接民主制

日本国憲法では、本来、間接民主制（国民が代表者を選挙し、その代表者を通じて間接に政治に参加する制度）が原則ですが、なぜ憲法改正では国民投票という直接民主制をとったのでしょうか。

憲法は国政レベルでは三カ所、直接民主制を採用しています。憲法改正（九六条）と最高裁判所裁判官の国民審査（七九条二項）、そして地方特別法の住民投票（九五条）です。

憲法改正以外の二つには、共通点があります。それは、間接民主制がうまく機能しないときの安全弁として直接民主制を採用している、という点です。

国政レベルで間接民主制を原則としているのは、全国民の代表者である国会議員が十分な審議討論をしたほうが、より妥当な結論を導けるであろうと考えたためです。特定の利益集団の代表ではなく、全国民の代表である国会議員が、十分に少数者の人権のことも配慮した議論を展開して、お互いに譲歩しあい、妥協することによって、よりよい合意点を見つけることができると判断したのです。

国民は代表者を信頼して、こうした審議討論を経た国政運営を国会議員に委任しているわけです。国会議員は自らの政治的信念に従って全国民のために行動し、その行動の結果は選挙によって国民から評価されることになります。つまり、国政選挙は新たに国会議員を選ぶ場でもありますが、同時に、これまでの国会議員の行動を国民が審判し評価を下す場でもあるのです。しかし、選挙という場における国民のチェックは、国会議員の行動の一つ一つについて個別に判断することを予定していません。あくまでも、国民は自分たちが委任するのにふさわしい人物かどうかを判定することができるだけです。

そこで、国会議員の特に重要な行動については、国民が直接、具体的に審査し、チェックすることができる場を憲法は用意しました。それが、最高裁判所裁判官の国民審査と地方特別法の住民投票なのです。

最高裁判所裁判官の国民審査は、国会議員が選んだ首相によって組織された内閣が任命した最高裁裁判官が、本当に国民にとってふさわしい人物かどうかを国民が直接、最終判断できるというものです。つまり、最高裁判所裁判官の人事に関する国会議員や内閣の判断に対して、国民が「ＮＯ」をいうことができるのです。

同様に九五条の地方特別法の住民投票も、国会議員が特定の地域にとって不利益となるような法律を作ろうとしたときに、その地域住民が住民投票で拒否できるというものです（ちなみに自民党の新憲法草案ではこの規定は削除されています）。

これらの直接民主制の制度は、間接民主制の下での国会議員の行動に対して、それが国民の考えと違う行動であるときに、主権者たる国民に、〝直接「ＮＯ」と、主権者としての意思を明確にすること〟を認めたものなのです。

ですから、最高裁判所裁判官の国民審査は（一種のリコール制だといわれますが）、積極的な「NO」の声がどれだけあるか、つまり罷免《ひめん》するべきだという有権者の数が投票者の多数になっているかどうか、が問題なのです。積極的に罷免するべきだという意思を表明していない人（棄権した人など）は、「まあ、内閣の人選でいいだろう」という消極的賛成と評価してもかまわないということになります。地方特別法の住民投票も同様の性質があるといってよいでしょう。

これらの直接民主制は、国会議員の行為に対する国民からの歯止めであり、積極的な「NO」の数が問題となるのです。

▼国民投票は特別なもの

では、憲法改正の国民投票はどうでしょうか。これらと同じように、積極的に反対という票がどれだけあるかが問題となるのでしょうか。

もし、国民投票を「国会の改憲発議に対して、主権者たる国民が〈それは自分たちの考えとは違う〉とNOを突きつけることができる、という点に意味がある」と考えると、最高裁判所裁判官の国民審査と同様に、積極的な反対の声がどれほどあるかが重要ということになります。

この場合には、最低投票率制度を設けなくてもよくなります。投票率が五〇%で、その過半数の賛成（有権者の二五%強の改憲賛成）であっても、積極的な改憲反対は有権者の二五%弱しかなかったということになり、国会の発議どおりの改憲をしてもかまわないということになります。

ですが、これでは最高裁判所裁判官の国民審査と、主権の究極的な行使である憲法改正国民投票とを同一視するもので、正しくありません。どちらも同じ直接民主制の制度であるからといって、安易に同列に考えてはならないのです。

国民投票とは「国会の改憲発議に対して、主権者たる国民が、〈それは自分たちの考えとは違う〉とNOを突きつけることができる、という点に意味がある」という考えは、改憲の主導権があたかも国会にあるかのようにとらえているので、間違いであると思います。

憲法改正はあくまでも国民の主権行使であり、国民の権限です。本来なら、国民の側から改憲を発案し、それを国民投票で決するのが筋ですが、便宜上、国民の代表者である国会に発議権を与えたというだけです。あくまでも憲法改正の主体は国民、この場合は有権者です。

ですから、ここで要求される国民の意思も、〝積極的に改憲に賛成の国民がどれほどいるか〟が問題となるのです。改憲に反対の国民がどれほどいるか、が問題なのではありません。あくまでも、改憲は例外です。例外として、改憲が必要だと考える主権者が、有権者の中にどれほどいるかが問題なのです。憲法を制定する権限を持つ者である有権者が、どれほど改憲に積極的に賛成か、なのです。

▼最低投票率規定は絶対に必要

そうなると国民投票の過半数というのは、有権者の過半数であることが論理必然です。決して投票総数の過半数ですませるべきものではありません。通常の法律制定の際の過半数とはまったく意味が違うのです。そして、少なくとも最低投票率、または絶対得票率を規定しなければ、「有権者が積極的に賛成した」という判断をすることができなくなります。

投票率が五〇％で、その過半数の賛成（有権者の二五％強の改憲賛成）で憲法改正が成立してしまったのでは、主権者たる有権者の意思で改憲したとは、とてもいえないのです。

主権者の意思で改正したといえなければ、改正後の憲法の正当性が失われてしまいます。最低投票率または、絶対得票率を規定することは、主権の行使として国民投票による憲法改正が定められている以上、論理的にも絶対に必要なことなのです。

国民投票は、最高裁判所の国民審査や地方特別法の住民投票のように間接民主制の弊害を除去するために、例外として安全弁的に直接民主制を採用したものではありません。主権者たる国民が自らの意思で憲法を変えることができるからこそ、自分の意思を国民投票によって表明するのです。

国会議員の三分の二も賛成しているのだから、国民の賛成はごくわずかでもいいという考えは、国民主権の理念を踏みにじるものです。憲法改正は通常の国政のような間接民主制ではなく、あくまでも直接民主制が原則なのだということを忘れてはなりません。

二〇〇七年四月に行われた朝日新聞の世論調査でも「憲法改正が成立するためには、投票率が一定の水準を上回る必要がある」と答えた人は、七九％にものぼりました（朝日新聞二〇〇七年四月一七日）。

また、「憲法に国民投票の最低得票率を規定する条項がないから、こうした要件を課すことは、国民投票に憲法が予定していない制限を課すもので認められない」という考えもあるようですが、これも間違っていると思います。

そもそも〝国民投票がどのような場合に有効になるか〟は、法律によって具体的に決めるようにと憲法は予定しています。たとえば、発議から投票までの期間も憲法には書かれていませんが、法律でこうしたことを定めるのは許されています。法律によって具体化された制度が、憲法の趣旨に反してはならない、というだけのことです。

これまで述べてきたように、憲法改正は国民が主権者として行うものであるからこそ憲法は国民投票を要求しているのであり、国民のごくわずかの賛成で憲法改正が可能になるような制度設計を、憲法はそもそも許していないと考えるべきです。

改憲反対派が投票ボイコットキャンペーンを行うおそれがあるという理由で、最低投票率を規定することに反対する人もいるようです。改憲においては、〝国民投票に参加して積極的に改憲にイエスをいう人がどれくらいいるか〟が問題の焦点ですから、投票自体に行かないという意思表示も「積極的に賛成しているわけではない」という国民の意思として、十分尊重に値するものです。ボイコットキャンペーンを批判することはできません。成立した国民投票法は、有権者総数の過半数で承認される、とは規定してはいません。しかも最低投票率の決まりもありません。この法律に基づいて行われる憲法改正が、国民の意思をきちんと反映したものになるといえるでしょうか。

国民投票法は、公布から三年後に施行されます。その間は国会への改憲原案の提出はできませんが、実質的な審議は憲法審査会で進められます。この期間中に以上のような問題点について速やかに見直し、修正がなされることを望みます。

■国民投票についてのさまざまな意見に対して

国会議員の中には「日本国民が自分の意思でこの憲法を選びとったことがないから、憲法の正当性があやしくなる。だからこそ国民投票が必要なんだ」という人がいます。ですが、そんなことを言い出したら、この憲法の下で国会が運営されている根拠もまたあやしくなってしまいます。国会議員のみなさんが、自分たちの立場を危うくするような発言をすることが、私は不思議でなりません。

また、「国民投票は、国民の意思を正しく反映させる。だから必要だ」という人もいます。しかし、改憲に賛成・反対の国民の意見は、国民投票によって対等に反映されるわけではありません。制度上は対等にはなりえません。反対の立場の人たちは、発議に対して「反対」という意見表明しかできないのです。

たとえば、憲法九条について「自衛隊を軍隊にする」という改正案が発議された場合について考えてみてください。九条改憲賛成派は、改正案が否決されても現状維持にすぎません。自衛隊がなくなるわけではありません。しかし、九条改憲反対派にとっては、この改正案が可決されたら事態は後退してしまいます。自衛隊が軍隊となってしまいます。結果が違うのですから、対等に国民の意思を問うものとはいえないわけです。それを、あたかも国民投票は改憲賛成派にも改憲反対派にも対等に国民の意思を問うものであるようにいうのは、間違っていると思います。

一方、「手続法の制定には賛成だが、九条の改正には反対」という主張の人もいるでしょう。そういう人たちは、九条改憲賛成派を国民投票で最終的に打ち負かそう、と考えているのではないでしょうか。国民投票を意思表明のチャンスとして生かそうとしているのだと思います。改憲案が発議されなければ、彼らは改憲反対という意思を積極的に表明することはできません。自分たちの守ろうとしている価値が否定されるピンチであるにもかかわらず、国民投票で否決することで、自分たちの意思を表明し、現在の憲法の価値を徹底させるチャンスにつなげようと（あえて）しているのだと思います。

私は、国民投票は、政治家主導の改憲に対する国民側からの抵抗権の行使の場にもなりうる、と考えています。

いうまでもなく国会議員は全国民の代表にすぎません。特権階級でもなんでもないのです。生まれながらの国会議員などいませんし、選挙によってその立場を失うものです。国民からの信託を受けて国会に席があるだけです。

国民が改憲の必要性を感じ、国会議員に託して改憲の発議をしてもらうのなら、問題はありません。ですが、国会議員がエリートとして上からの判断で改憲を発議した場合、国民投票で否決することは、国民側からの抵抗権の行使となるのです。

そして、そもそも国会に発議自体をさせない、というのも、国民の側の一つの抵抗の仕方です。発議をさせないような抵抗運動を、国民投票という国民主権の表明を妨害しているという理由で非難するべきではありません。

■少数派の権利を侵害するような憲法になったら、取り返しがつかない

「日本は民主主義で国民主権の国だから、(国民投票法を成立させ)国民自身が決める国民投票によって多数決で憲法改正の是非を問えばいいではないか」という論調もあります。

確かに憲法改正の国民投票法は、国民の意思を実現する法律であり、国民主権を具体化する立法として位置づけられています。

では、国民主権の具体化とはどういう意味でしょうか。国民投票を実施し、国民の多数の意思が反映されれば、それが国民主権の具体化なのでしょうか。真の民主主義なのでしょうか。

民主主義というのは、異なる多様な意見を話し合うことで、議論する中から正しい答えを導き出すことであり、これが基本の考え方です。ただ多数の人の意見のほうが、少数の人の意見よりも、「より正しいだろう」という見地から、多数派の意見を採用してきました。決して「多数決=民主主義=正しい」と決まっているわけではありません。

多数派がもし暴挙に出たら、それは大変な力になります。だからこそ少数者の意見を救済するために、憲法が存在しているのです。少数者も主権者であり国民であるから、憲法は多数派に歯止めをかけるのです。

憲法がどのように少数者の権利を守っているのかというと、通常の法律が少数者の人権を侵害しているときには、憲法に照らして裁判所が違憲判決を出して救済することができます（これを裁判所の「違憲立法審査権」といいます）。

ところが、その憲法が少数派の権利を侵害するような内容となってしまったら、どうやっても少数派を救済する方法がありません。「すべての人間が生まれながらに持っている生命・自由・財産に対する権利に反する」と主張したところで、どうにもなりません。もちろん裁判所も、何もできません。裁判所は法律が憲法に違反しているかを判断することはできますが、憲法そのものが許されるものかどうかを判断する権限などありません。憲法が少数者の人権を侵害するような不当な内容に改定されてしまったときには、もう取り返しがつかないのです。国民は圧政に耐えるしかないのです。

ここに法律と憲法の根本的な違いがあります。同じ多数決でも、法律を成立させるときの多数決と憲法改正の多数決ではまったく意味が違うのです。だからこそ、改憲の国民投票は慎重に行わなければなりません。

そうした不幸なことが起こらないように、国民一人ひとりが、自分の考え方はこれでいいのだろうか、少数者を無視していないだろうかと、多様な意見に触れながら慎重に自分の考えを作り上げていく必要があるのです。今は多数派に属する自分だけれど、いつかは少数派になる可能性があるかもしれないという想像力が働くかどうかは、重要なポイントです。あらゆることは人ごとではないぞ、というイマジネーションがなければ正しい判断はできません。

そして、イマジネーションを働かせるきっかけとなる十分な議論を、自由に行える社会が維持されることが国民投票運動の前提となります。公務員、教育者、外国人、メディアなどさまざまな立場からの自由な発言があり、多様な議論が積み重ねられることによって、今の自分の立場とは異なる視点からの判断ができるようになり、「成熟した国民」としてのよりよい選択が可能となるのです。

日本国憲法は間接民主制を原則としています。そこでは、国民投票のような直接民主制的制度が、あくまでも例外として位置づけられていることは、すでに述べました。国民主権の直接民主制的な発動も例外的に、この憲法改正だけとなっているのです。

つまり憲法改正が国民主権の表れであるといっても、それは最後の手段のようなものであり、そう簡単には発動されないことが予定されています。よほど国民が必要性を感じて、そこではじめて発動されるものなのです。

国民が具体的に、ある部分の改正の必要性を感じていなければ、その部分は国民が受け入れ、選びとっていることを意味しています。そこにも国民の意思は立派に反映しているのであって、国民主権が表れています。憲法改正の場面にしか国民主権が実現されないかのような議論は、間違っています。

多数派に歯止めをかける憲法。その改正を、多数決で行わなければならないというジレンマをどう克服するか。これが、国民投票法の設計に課された重要な課題です。そして多数派である国民が、憲法改正の国民投票に際して、少数派へのイマジネーションを持てるかどうか。国民投票といった直接民主制的制度を一度も経験していない国民が、「成熟した国民」としての意識を持てるかどうか——こうした根本的な問題を十分な時間をかけて審議し、国民的な議論を行うべきであったと考えます。

　主権者たる国民である私たちは、国民投票法が成立した今でも（今だからこそ）、さらにこれらの点について議論を深めていくべきだと思っています。そして、こうした議論を通じて、私たちが主権者として力をつけ、実際に示された改憲案に対して成熟した国民として冷静に判断できるようになっていかなければならないのです。

「飲み屋で負けない」憲法論議・ミニ知識Q&A

Q これまで国民投票法を作ってこなかったのは「立法不作為」であり、国会に責任があるのではないでしょうか？　その責任を果たすために、国民投票法を作る義務が国会にはあったのではないでしょうか？

A そもそも「立法不作為の責任」というのは、憲法上、国会が立法することを義務づけられているにもかかわらず、それを怠り、その不作為によって国民の人権を侵害することになった場合に、国が国家賠償法上の責任を負うときに使う概念です。

たとえば、ハンセン病の患者さんを強制隔離する法律を改正しないで、患者さんの人権侵害を放置し続けたことに対して、国会の「立法不作為の責任」が問われました。外国に住む日本人の選挙権を行使できるようにする法律を作らずに放置したことに対しても、立法不作為の責任が問題になります。これらは共に、憲法上見過ごすことができない明確な人権侵害があると判断される場合です。具体的な人権侵害が放置されたときに、はじめて国会の立法不作為の責任が問われるのです。

憲法改正のための国民投票法が作られていないからといって、誰か具体的な国民の人権が侵害されているわけではありません。「自分の国民投票権という人権を行使したいと考えているのに、手続法がないから国民投票ができないのは人権侵害だ」という人がいるかもしれません。しかし、その人が国民投票できないのは、国民投票法がないからではなくて、国会が発議していないからというだけです。当たり前のことですが、いくら国民投票法があっても国会が発議しなければ国民投票権を行使することはできません。

国会が国民の要請を受けて、改憲の発議をしようと思えば、いつでも国民投票法を作って発議することができたのですから、国民投票法がない状態を国民の人権が侵害されている立法不作為状態だというのは間違っています。

立法不作為を法律論として理解していない政治家が、この言葉を不用意に使うのは、議論を混乱させるだけです。

第二章　美しい日本国憲法

■憲法と法律は違う

先日、中学の公民の教科書をみる機会がありました。そこには「憲法とは最高法規である」と書いてありました。そのとおりなのですが、この言葉がやたらと強調されている点が気になりました。ヘタをすると、中学生は「憲法は私たち国民が守らなければならない最高の法律だ」と勘違いしてしまわないだろうか。「民法、刑法、商法などの多くの法律の親分だ」くらいに思ってしまわないだろうかと、とても心配になりました。

憲法と法律は、同じ「法」ということで、とても似たもののように思われますが、まったく性質を異にするものです。まず、法律というのは、国家権力による強制力を伴った社会規範、すなわち「規則」をいいます。国は法律により、私たち国民に対して命令やルールづけをし、守らないと国の機関から罰則を与えられます。

たとえば、一九歳のときに、お酒を飲みたいと思っても認められないのは、二〇歳になるまで飲んではいけない、という法律があるからです。これはある意味、私たちの自由や権利を制限しているともいえますが、「仕方のないこと」でもあるわけです。交通規則にしても同様です。そういった共通のルールがないと社会の秩序がめちゃくちゃになってしまうからです。

このように国家は私たちの自由や権利を、「社会の秩序」を守るため、法律によって制限します。しかし好き勝手に法律が作られて、私たち国民の自由や権利（「人権」と言い換えることもできますが）が不当に制限されるケースが出てこないとも限りません。

そこで、国家が国民の自由や権利を不当に侵害してトンデモナイことをやらかさないように、あらかじめ歯止めをかけておくために「憲法」があるのです。

憲法は、国家権力を制限して国民の人権を保障するものであり、国民が守るべき法律ではありません。憲法九九条を読むとそれがよくわかります。

第九九条　天皇又は摂政及び国務大臣、国会議員、裁判官その他の公務員は、この憲法を尊重し擁護する義務を負ふ。

この条文では、憲法を尊重して守る義務を負うのは、天皇をはじめ、国務大臣、国会議員など公務員であり、この中に「国民」は入っていません。憲法を守るべき立場の人は、国民ではなく為政者たちです。

法律は国民がそれを守る義務を負うものですが、憲法は国家権力が守る義務を負うものです。法律が国民の自由を制限するものであるのに対して、憲法は国家権力側を制限して国民の人権を守るものです。法律は国民を拘束しますが、憲法はその法律を作る人、国家権力を拘束します。

それぞれ規制する相手が異なり、二段階の構造になっていることを、しっかりとイメージしておいてください。同じ「法」ですが、この二つはまったく別のものです。混同しないようきちんと理解しておきましょう。

■憲法が守る、少数派の人権

憲法を「国家権力を制限して、国民の人権を保障するものである」と定義づけた場合、ここでいう国家権力は、民主主義の国であれば、国民の多数派によって作り出されたものです。したがって、国民の多数派に歯止めをかけて、少数派の自由や権利を保障することが憲法の目的だということになります。ですが、民主国家の憲法であれば、その憲法自体も国民の多数派が作ったものです。そうすると、多数派が作った憲法によって少数派を守るという奇妙なことが起こります。そもそもそんなことができるのでしょうか。多数派は自分たちの利益のために憲法を作ったのですから、自分とは関係ない少数派の人権を守ろうとはしないのではないでしょうか。

この疑問は、次のように考えることで解決されます。多数派、少数派はいつでも入れ替わる可能性があるのです。私も今は元気に生活できるという点では多数派ですが、いつ交通事故で車いすが必要な少数派になるかもしれません。また、ある場面では多数派であっても別の場面では少数派ということもあるのです。たとえば、日本国籍保持者としてこの国では多数派であっても、ある宗教を信仰しているかどうかという点では少数派という人はいるでしょう。このように多数派と少数派は固定したものではなく、誰もがその両面を持っているのです。

そう考えると、多数派の人には不愉快であっても、少数派の人にとって意味があることを、多数派が奪ってはいけないとわかります。

人は、特に心から大切だと思っている事柄については、他の人からとやかくいわれたくないものです。たとえ、「それは間違っている。こっちが絶対に正しい」と指摘されたとしても、自分は正しいと信じているのですから、簡単に考えは変わりません。

本当に正しいのはどちらか、なかなか判断ができないこと、つまり個人の良心や価値観、宗教や一人ひとりの生き方などについては、他の人の意見を押しつけられても、普通は納得できません。いくら多数決の結論だといわれても、受け入れられません。多数決による結果が正しいかどうかは、論証不可能です。そもそも個人が自分自身で判断するべき領域については、多数決によってその善し悪しを決めることができないのです。

それを、多数決を基本にした民主主義のルールで決めようとすると、どうしてもひずみが出ます。多数決の結果に納得できない人たちは、自分の価値観を否定されたわけですから、自分自身を否定されたように感じることもあるでしょう。やがて、否定された少数派の不満は大きな憤りに変わり、民主主義の決定過程自体に対して敵意を持つことも考えられます。ときに暴力に訴えて、自分の価値観を守ろうとするかもしれません。

そうした争いを避けるために、人類は理性によって、多数派の考えを押しつけてはいけない事柄を見つけだしたのです。多数決で決めてはいけないこと、多数決でやってはいけないことをあらかじめ憲法で確定しておくという必要が生じました。それが「立憲的意味の憲法」なのです。

そして、多数決に歯止めをかけ、一人ひとりが自分で決めるべき事柄の領域を確保する――これが、〝憲法に基づく政治の根幹〟になります。

国家権力を法的に制限し、国民の人権を保障する憲法に基づいた政治を行うことを「立憲主義」といいます。日本国憲法も含めた、すべての「近代憲法」の本質は、この立憲主義にあると考えられています。

■立憲主義、近代憲法の誕生

ここで「立憲的意味の憲法」や「立憲主義」「近代憲法」は、いつ、どのような形で誕生したのか、簡単にその成り立ちについて整理しておきましょう。

国家の基本を定めた法、国家のあり方を定めた法としての「憲法」を、憲法学的には「固有の意味の憲法」と呼んでいます。古代ギリシャやローマにもそれに当たる法が存在したといわれています。日本では聖徳太子の「憲法十七条」などがこれに当たるでしょう。これら「固有の意味の憲法」は、権力者が自分の支配を正当化するために用いた道具です。「立憲的意味の憲法」のさきがけは、イギリスで一二一五年に制定されたマグナカルタに代表されます。当時ヨーロッパでは、憲法は貴族や僧侶など、一定の身分を持った人の特権を国王から守るものとして生まれ、機能していました。これは特権階級の人たちの利益を守ろうとしたもので、すべての国民の自由や権利は、ここには入っていませんでした。

すべての国民の人権、自由や権利を国家権力から守ろうとする「近代憲法」のルーツは、ヨーロッパで一七世紀末から一八世紀にかけて起こった啓蒙思想です。ジョン・ロック、モンテスキュー、ジャン＝ジャック・ルソーといった啓蒙思想家たちがこれまでとは異なる、新しい思想的な流れを作り出しました。特に「すべての人間は平等である」というジョン・ロックの考え方は、「自然権」という人間が生まれながらに持っている権利の概念を生み、一八世紀後半に起こった市民革命（アメリカ独立運動、フランス市民革命）の礎となります。

これ以降、〝身分〟で把握されていた人間を、一人ひとりの〝人間〟に着目して、とらえていくようになったのです。「近代憲法」は、国民を身分や集団として一体的にとらえるのではなく、「国民」一人ひとりに着目して、個人の集まりとしてとらえます。これが近代憲法の特徴であり、日本国憲法の特徴の一つでもある「個人の尊重」なのです。

近代憲法のもう一つの特徴は「国家」を文化、伝統、民族から解放して、単純に権力主体として位置づけようとしたところにあります。それまでの国家は共通の文化や伝統を持った存在としてとらえられることが多かったのですが、人為的に作り上げられた、抽象的な権力主体としての国家を意識しようとしたのです。ロックの「社会契約説」と呼ばれる思想がこの基礎になっています。この思想はアメリカ合衆国がイギリスから独立し、ゼロから国家を作り上げたことによって、具現化されました。

■人はみな同じ

市民革命を経た近代憲法の流れをくむ日本国憲法も、「身分の特権を保障するのではなく、一人ひとりの個人の人権を保障する」という目的を持っており、個人の尊重を基本に置いています。

憲法一三条では、「すべて国民は、個人として尊重される」と規定しています。ここでいう国民は、日本で生活するすべての人という意味であって、日本国籍保持者には限られません。あらゆる人は個人として尊重されるという意味です。「個人の尊厳」「人間の尊厳」ともいわれ、日本国憲法のもっとも重要な根元的部分ということになります。

日本国憲法の基本原理は、「国民主権」「基本的人権の尊重」「平和主義」であると、小学校の社会科の授業で習ったことと思います。この三つの関係性についての説明はここでは省略しますが、これらの基本原理を支えるものはやはり「個人の尊重」なのです。

一人ひとりの人間はかけがえのない人間であり、誰もが同じように「人」として「個」として尊重される。言い換えれば、人は誰一人として同じ人間はなく、それぞれがかけがえのない一度きりの生を生きる。だからこそ「個」が尊重されるのであり、他の人と違うことはむしろすばらしいという考えです。私はよく、「人はみな同じ、人はみな違う」と表現しています。

人は生きているだけで誰もがかけがえのない価値を持っているのであって、それぞれの人として生きる権利は尊重されなければなりません。豊かな人も貧しい人も、健康な人もハンディキャップのある人も、大人も子供も、人種も性別も一切関係なく、誰もが人間として尊重されるべき、「人はみな同じ」だという考え方です。この世の中に生まれてこなければよかった子供など、ただの一人もいないということです。

これが日本国憲法のもっとも重要な価値観であると、私は考えます。多くの憲法学者もそのようにあるべきだと考えています。だからこそ、人権が大事であり、その人権が守られる政治が求められます。

こうして言葉にすると当たり前のようですが、実際に日本でこうした考え方を共有することは本当に大変だと私は思っています。

誰もが人間として生きる権利があると認めるということは、どんな凶悪な犯罪者でも、人として尊重することを意味します。殺人犯であっても人間である以上は、人権があるのだと認めなければなりません。これはそう簡単なことではありません。

しかし、そもそも人権は善人の権利だけを認めればいいというものではありません。たとえ犯罪者であっても、「人間である」ただそのことだけで一定の権利があるのだということを認めなければならないのです。どんな悪人でも人権があるのだということを認める覚悟がなければ、人権を口にするべきではありません。

「そんなきれいごとをいって、自分の身内を殺されたときに、その犯人としてつかまった者を人間として尊重すると、お前はいえるのか」と問われたら、はっきりいって私も自信はありません。すぐにその場で殺してほしいと思うくらいの、憎しみと怒りを持つかもしれません。

それでも、その被疑者に裁判を受ける権利があること、適正な手続きによって裁かれる権利を持っていることは認めなければなりません。人権には忍耐が必要なのです。みながそうした忍耐を受け入れることが、文明国家であることの証となります。

もちろん、このことと被害者への物心両面にわたるケアが必要なこととはまったく別の問題です。被疑者・被告人や犯罪者の人権と被害者の人権を対立させてしまうことは、憲法や刑事訴訟法についての知識不足からくるありがちな誤りです。この点は、一〇一ページからの説明も参考にしてください。

■「人権」は人間が共存するためのルールとして作り出された

個人の尊重や人権を守ることが、近代憲法や日本国憲法の最重要項目です。そもそも「人権」という概念は、いつどのように生まれたのでしょうか。

イギリスで人権という概念が生まれたときには、あのグレート・ブリテン島に住んでいる一部の白人男性のことしか念頭にありませんでした。インドやアフリカの人たちのことなどまったく考えられていません。一七八九年のフランス人権宣言も、男性の権利宣言でしかありませんでした。アメリカ合衆国の独立も先住民への虐殺と略奪の歴史ですし、奴隷制や人種差別など当たり前の世界でした。いまだにアメリカもヨーロッパも人種や民族などの問題を抱えています。

人権は普遍的なものではなく、その時代時代に都合よく使われてきた概念にすぎません。ですが、そうした事実は人権が無意味だと決めつける理由にはなりません。普遍的なものではないけれども、「人間には誰にも生きる権利がある。それを正当な理由なく奪ってはならない」というルールを、「人権」として作り出したのです。

人間同士が共存していくためには、人権という価値を認め合って、お互いに尊重しあうことが必要だと考えたのです。あくまでも人間が共存していくためのルールであり、方便であり、フィクションです。そうしたルールを持たなければ、力の強いものが勝つジャングルの世界と同じになってしまうからです。

人権は「～である」という事実の問題ではなく、「～すべき」という当為の問題なのです。あくまでも、こうあるべきだと主張することが人権です。だからこそ、人権および個人の尊重を主張する意味があるのです。

自分の人権を認めてもらいたいと願う人は、他人の人権も認める覚悟が必要です。ときどき、一部の評論家や文筆家が「人権なんていい加減なものだ」と主張しますが、そういう発言ができるのも、その人たちの人権や自由が確保されているからにほかなりません。

また「被疑者・被告人でも人権を保障されるべきだ」というのも、いつ自分がそうした立場になるかわからないからです。いつ自分や自分の愛する人が無実なのに犯罪者として疑われ、不当な扱いを受け、処刑されるかわからないとビクビクしているような社会は、決して人々が幸せになれる社会ではありません。そのように考えれば、「人権」の重要さが理解できるでしょう。

一人ひとりの人権を保障するということは、個人が社会や国家の犠牲になってはいけないということを意味します。あくまでも個人のための国家であり、国家のための個人ではないということです。

仮に、ここに一〇人の重大犯罪をおかしたと疑われている人が捕らえられてきたとします。しかし、その中に一人だけ無実の人が紛れ込んでいるのですが、それが誰だかわかりません。みなさんが裁判官だったらどのような判断をするでしょうか。

全員有罪か、全員無罪か究極の選択が必要だとしたら、どうしますか。全員有罪にしてしまえば、凶悪犯人は処罰され社会は平穏になるかもしれません。しかし、一人の無実の人が犠牲になってしまいます。憲法は、社会のために個人が犠牲になることを強いてはいけないとしています。これが人権です。

したがって、個人の尊重と人権を重視する考え方に立てば、たとえ真犯人を取り逃がすリスクを負ってでも、一人の個人を救わなければなりません。全員無罪です。これを「無罪の推定原則」（第一章でも述べています）とか「疑わしきは罰せず」といいます。日本国憲法は、「疑わしきは罰する」ではなくて、人権を重視するがゆえに「疑わしきは罰せず」としたのです。

補足していえば、人権に基づいた「疑わしきは罰せず」といった考え方は、権力は過ちをおかす、警察や裁判官も人間である以上は間違いをおかすという避けがたい事実に基づいています。不完全な人間が権力を行使せざるをえない。そうした認識に基づいて日本国憲法は、不当な権力行使から人々を守るために、人権の尊重、そして個人の尊重を保障しているのです。憲法や人権という概念自体が、人間の不完全性に対する謙虚さから生まれていることを知っておかなければなりません。

■人はみな違う

さて、「個人の尊重」のもう一つの意味である、「人はみな違う」という点はどうでしょうか。

誰もが人として、同じように尊重されるべきです。しかし、誰一人として同じ人間はいません。誰にも個性があり、人はみな違います。一人ひとりを個として尊重するということは、その個性を尊重するということにほかなりません。その人の個性とは、その人のすべてを指します。人種や肌の色、文化や風習、言葉や宗教など、それこそありとあらゆる違いがそれぞれの個人にはあります。そして、そうした個性が集まって、その人らしさを作り上げています。

同質性を高めるよりも、多様性を活かしたほうが、社会そのものも発展すると私は思います。個性と個性がぶつかり合って、そこに新たなものが生まれ、お互いが発展していくからです。

憲法一三条をみてください。

第一三条 すべて国民は、個人として尊重される。生命、自由及び幸福追求に対する国民の権利については、公共の福祉に反しない限り、立法その他の国政の上で、最大の尊重を必要とする。

この条文から、私は、個性を最大に尊重し、多様性をお互いに認め合い、自分と違うものであっても認めるオープンな社会を、日本国憲法がめざしているのだと考えます。違う人と共に生きる、共生といってもいいかもしれません。

また、「幸福追求に対する国民の権利」という言葉に注目してください。日本国憲法は、〝幸福の権利〟を保障しているわけではありません。「人としてどう生きるべきか」「何を幸せと感じるべきか」といった「その人らしさ」の根元にかかわることは、自分で決めてくださいという考え方です。幸せの中身はみな違うので、それを憲法で保障しようがないのです。

その代わり憲法は、それぞれが自分で決めた幸せ、幸福の中身を追い求めていくプロセスを人権として保障します。これを「幸福追求権」と呼びます。つまり、「幸せは自分で定義してください」というわけです。家族が決めた幸せ、地域や社会が決めた幸せ、ましてや国が決めた幸せに従う必要などはありません。自分の幸せは自分で堂々と決めればいいのです。

自分の幸福追求権を保障してもらいたいのなら、他人の幸福追求権も保障しなければなりません。自分だけよければいい、というわけにはいかないのは当然です。個人の尊重や幸福追求権は、自分勝手やわがままを許すというような利己主義とはまったく異なるものです。

さて、自分と違う考えや性格、自分と異質のものも認めるというのは、「人はみな同じ」という考え方を認めるのと同じように、日本ではけっこうしんどいものです。この島国では、生まれたときから、同じ言葉をしゃべり、同じようなものを食べ、同じようなものを着て、同じようなおもちゃで遊んできた人が多くいます。私もそうです。するとどうしても、みんなと同じでないとおちつかない。同じであるほうが安心だと思えてきてしまいます。そして自分と違うものを疎ましく思ったり、嫌ったりしてしまいがちです。

少し前、「ネクラ」や「オタク」など、人を小バカにする言葉が流行ったことがあります。最近は「オタク」も国際語となり、ずいぶんと評価が上がったようですが、本来はその人の嗜好《しこう》や個性にすぎませんから、とやかくいわれることではないはずです。

多様性を認め合うことは、社会の表に出てこられない人、差別されていると感じている人、多数派から理不尽なことを押しつけられている人、不当な扱いに言葉も出せない人が存在するんだということについて、想像力を働かせ、そこに思いを寄せることにつながります。そして、共感し、自分には何ができるかを私たち一人ひとりが考えてみるきっかけになります。多様性を認め合うことは、日本が成熟した大人の国になるために必要不可欠でもあるのです。
マスコミに流されたり、情報操作に惑わされたり、目先の利益に目を奪われたりしそうなときでも、多様な意見、すなわち異論があるからこそ、私たちは「ちょっと待てよ」と、冷静に考えてみるきっかけを得ることができます。権力にからめとられずに、自立した賢い国民になるためにも、個人の尊重は重要な意味を持つのです。

■個人の尊重と結婚

「幸福追求権」の話が出たので、憲法二四条についても触れておきましょう。

第二四条　婚姻は、両性の合意のみに基いて成立し、夫婦が同等の権利を有することを基本として、相互の協力により、維持されなければならない。
２　配偶者の選択、財産権、相続、住居の選定、離婚並びに婚姻及び家族に関するその他の事項に関しては、法律は、個人の尊厳と両性の本質的平等に立脚して、制定されなければならない。

この二四条の規定は、憲法で保障する人権の本質である、「個人の尊重」と「平等」を共に具現化したもので、とても意義深い条文だと思います。戦前の家制度の下で女性が一人の人間として、個人として尊重されず、男性と対等に扱われなかったことに対する切実な反省から規定されました。

よく知られているように、この規定を憲法に盛り込むことに尽力したのは、戦後GHQの民政局スタッフとして日本国憲法の草案作成にかかわったベアテ・シロタ・ゴードンさんという当時二二歳の女性です。戦前の日本の女性差別の実態をよく知っていたベアテさんは、アメリカ合衆国憲法にもない男女平等条項を、世界のさきがけとなってほしいとの願いを込めて、日本に贈りました。『映画　日本国憲法』でのベアテさんへのインタビューでは、こんなふうに語っています。

「私は日本の社会のなかに入っていたから、女性が圧迫されていることを自分の目で見ていました。奥さんは家にいて、旦那さんのためにお食事を作って、いろいろなことをして、旦那さんが会社からお友だちを連れて帰ってくると、お食事を食べるでしょ。奥さんが全部やって、サービスして、あんまり会話にも入らないで、一緒にお食事も食べなかった。外に出るときには旦那さんがいつも前にいて奥さんが後ろから歩いていたでしょ。そういうことは、とても不思議だと思いました」（『映画　日本国憲法読本』フォイル刊）

今の時代、家庭における個人の尊重と男女平等は世界の趨勢《すうせい》といってよいと思います。韓国でも二〇〇五年の三月には男性中心の家制度を支えてきた「戸主制」が廃止されました。家という集団を重視するのではなく、一人ひとりに着目してその個人を尊重していこうという発想は、アジアでも共通の価値観となりつつあると思います。

結婚はあくまでも個人と個人の問題であって、決して家と家の問題ではありません。それが憲法の個人の尊重という価値観の帰結するところです。戦前のように家に縛られて自由に離婚もできなかった女性は、財産権を保障されないだけでなく、人間としての尊厳も認められませんでした。夫の家に入り、家のためにつくし、ときに家のために犠牲になる。個人が家という制度のために犠牲になることを美徳とする価値観があったのです。日本国憲法は、それを否定し、あくまでも一人ひとりの個人が大切であり、女性も家の一員だから存在意義があるのではなく、一人の個人としてかけがえのない存在意義があるのだとしたのです。家のために女性が犠牲になるだけでなく、戦前は国家のために個人が犠牲になることも美徳としました。

その価値観を一八〇度逆転させて、個人のためにこそ国家は存在意義がある、個人の幸せのために家庭があるべきだとしたのが「個人の尊重」という憲法の根本的価値観です。憲法はこれを一三条で「すべて国民は、個人として尊重される」と規定して保障し、二四条で家制度を否定して「個人の尊厳」として再度、規定しているのです。

しかし今でも結婚の挨拶や、芸能人など著名人の結婚記者会見で、「〇〇家の一人として新しい生活に臨んでいきたい」などという発言を聞くと、私は首をかしげたくなります。嫁ぎ先の家族と共に仲よく暮らすことはいいことですし、その家族を大切に想う気持ちはやさしい人柄の表れと感じとれます。しかし、嫁ぎ先の「家に入る」とか「家の一人として」という言い方をされてしまうと、ちょっと違和感を持ってしまうのです。まあ、いろいろな家庭、いろいろな幸せの形があってよいのですから、私がとやかくいうことではありませんが、いまだ世間では結婚は家同士のものといわれてもなんとも思わないのかもしれません。個人の尊重への道のりはまだまだ遠いようです。

個人の尊重という価値観の下では、家族のあり方もそれぞれでいいのであって、「男性は外で働き、女性は家を守る」というような性別役割分担がはっきりした家族観を押しつけたり、男性同士、女性同士、子供がいない家族、独身者などを、変わった家族として異端視したりするのはやめたいものです。

■憲法に「日本らしさ」は必要なのか

最近特に「今の憲法は、どこの国の憲法なのか、まったくわからない。日本の憲法ならば、日本の憲法らしく、日本の文化や伝統を守るということや、日本らしさを強調する文言に変えるべきでは？」といった声を聞きます。私はこのような意見に対して、次のように反論したいと思います。

ここまで説明してきたように、日本国憲法は、人々が多様性を認め合う社会をめざしています。しかし、現在、憲法改正の議論の中で一部の政治家たちは、「天皇を中心とした日本民族の国」をめざそうと主張しています。日本民族だけを重視する姿勢は、同質性を追求するようになることを意味します。

二〇〇六年一二月に成立した新教育基本法でも、「日本の伝統や文化を尊重し、我が国を愛しなさい」という趣旨の文言が盛り込まれ、同質性を追求する方向への教育が行われようとしています。もちろん教養として知識として伝統や文化を学ぶことは必要ですが、漢字やかけ算や理科の勉強と同列のものであるはずです。この部分だけを憲法や法律で特別扱いするのはいかがなものでしょうか。現在の憲法がめざしている方向と、まったく逆のことです。

では、同質性を追求するとどうなるでしょうか。同質性の中にいる人間は、心地よくて安心です。確かに私も気心の知れた仲間と一緒にいると気がやすまります。ですが同時に、外との間に壁ができてしまいます。それは、差別や排除の論理につながっていくことになります。

多様性を認め合う社会とは、学校でいえば、かけっこの遅い子供、勉強の理解が遅い子供、体育や音楽の得意な子供、いろいろな子供がいていい、という社会なのです。

前述したように、近代憲法においては、「国家」を民族や伝統、文化から解放して、単純に権力主体として位置づけようとしています。それまでの国家は共通の伝統や文化を持った存在としてとらえられることが多かったのですが、それを伝統、文化、民族などから切り離して、人為的に作り上げられた権力主体として国家を意識しようとしたのです。

もちろん、こうした国家はフィクションです。国家を人為的に作り上げる、などといってみても、アメリカの建国がその実例としてあげられるかどうかのぎりぎりのところでしょう。ほとんどの国は、自然発生的に民族の集合体としてでき上がってきたのかもしれません。ですが、だからこそ近代の立憲主義国家は、さまざまな民族が寄り添い、それぞれの価値観を認め合い、侵してはならない部分には触れずに、共存しようとしてきたのです。

たとえば、フランスという国には、ラテン系の人もゲルマン系の人もいれば、サッカーの代表チームで活躍したジダンのように、アルジェリア出身の人たちもいます。憲法が想定する国家は、さまざまな民族の人たちによって意識的に、人為的に作り上げられた国家なのです。

それをわざわざ日本民族を強調するような憲法に変えてしまい、ことさらに民族を強調する教育を行うとなれば、世界の潮流に逆行していると思われても仕方がありません。

また、一部の政治家たちが主張する日本の伝統や文化とはいったい何を指すのでしょうか。教科書で定義して評価の対象にできるものなのでしょうか。それこそ、日本の伝統や文化とは何かをしっかりと確認しておかないと（私はとてもむずかしいと思いますが）、その教育の内容も、大半は中国大陸や朝鮮半島に由来する伝統や文化を教えることになってしまうでしょう。

同質性をめざすようになると、

「若者だけで集まりましょう。年寄りは別です」
「男性だけで集まりましょう。女性は別です」
「健常者だけで集まりましょう。障害を持った人は別です」
「金持ちだけで集まりましょう。貧乏人は別です」

といったことになるおそれもあります。

日本社会の中のあらゆるところで、どんどん壁が作られていき、分断された社会、差別がはびこる社会になっていく危険があると懸念しています。愛国心や民族を強調することが、いろいろな場面に伝染していき、こうした差別や排除の引き金になるのではないかと心配なのです。

そしてマスコミは、ますます大衆迎合的な内容のテレビ番組や新聞ばかりになり、多くの人と異なる意見や反対意見は、「非国民の意見だ」とか「常識はずれだ」と非難され、封じ込められていきます。言論の多様性が認められない社会は健全ではありません。「みんなと同じ考えを持たないものは、仲間ではない」と、排除することは容易です。そうなれば、ますます画一化された社会になり、息苦しくなっていくことでしょう。それは、一人ひとりの幸せにつながるものとは思えません。

■共通点を見いだすことができるのか

日本国憲法は一三条（七九ページ参照）で、個人の尊重を規定し、また生命、自由及び幸福追求に対する国民の権利を、「立法その他の国政の上で、最大の尊重」をするように規定しています。「人はみな同じ」「人はみな違う」ことを最大の尊重として求めているわけですから、日本国憲法は、必然的に多様性を認め合う社会をめざそうとしていることになります。

多様性を認め合うためには、相手との間になんらかの共通点を見いだすことが必要ではないでしょうか。共通点が認識できるから、逆にお互いの違いを許すことができるのではないかと思うのです。

同じ会社、同じ地域の出身、同じ日本人……そのような共通点が人との関係性で見いだせると、その人と意見の食い違いが少しあっても許せてしまうのではないでしょうか。

さらに近隣諸国との関係においても、同じアジア人という共通点が見いだせれば、歴史認識に多少の相違があっても妥協してやっていくことができるようになるはずです。

そして、同じ人類だ、という共通点に気がつけば、人種や宗教などのいろいろな違いを乗り越え、認め合い、問題解決の糸口を見つけることができるでしょう。

このような共通点は、日本→アジア→人類と進んでいくほど、その抽象性のレベルが上がります。目にみえる肌の色、使っている言葉など見かけの違いに惑わされずに、抽象的な共通点を認識して「みんな同じだ」という感覚を持てるかどうか。大きな視点で共感できる心を持つことで、多様性を認める余裕が生まれてくるのです。そして、そのためには、一定の知性も必要になってきます。

私たちは知性に磨きをかけて、共感力や想像力を高めていくことができます。理不尽な目にあわされたことがなくても、強者による強制の恐ろしさ、それによって自由を奪われることの苦しさ、無念さを想像することができます。

犯罪の被害にあわなくても、被害者の無念さを理解しようとすることはできます。戦争やテロの被害にあわなくても、その悲惨さや無意味さを知性の力によって知ることができます。

相手の立場で理解しようと努力すること。これが、憲法の個人の尊重の基本にあります。

■他の憲法よりステージが上

普通の国の一般的な憲法においては、同じ国民だからみんなで仲よくして、お互いの違いを乗り越えていこう、という努力目標を掲げるところで終わっています。抽象的な共通点のレベルが、地域を超え、民族を超えてはいても、国家の段階で止まっています。「自分の国を愛し、自分の国が平和であるように国民みんなで努力しよう」というのが、一般的な憲法です。自国のことを考えた「愛国心」の段階で終わりです。

ところが、日本国憲法は「同じ人類だから仲よくしよう、同じ人間だから世界の平和をみんなでめざそう」とするところまで共通点のレベルを高めています。日本国憲法は、「人類愛」の水準まで引き上げているのです。つまり、この国の憲法は、他の国の憲法と比べてステージが一つ上なのです。

日本でも戦国時代は、地域同士、小さな国同士で戦っていました。自分たちの共通点を見いだす知識や能力がそこまでしか及ばず、お互いを理解できなかったからです。

その後日本としてまとまるようになりますが、第二次大戦中は、世界との共通点を見いだすどころか、「鬼畜米英」という教育をし、本当に欧米人は鬼だと思っていた日本人もいるほどでした。捕虜になったら殺される、はずかしめを受ける、と教育され、それを信じてしまった人たちも大勢いました。

戦後、教育や世界の国々との交流によって、少しずつ他の国の人たち、自分と違う人たちへの知識や理解が高まり、私たち日本人は抽象的な共通点を認識できるくらいに知性のランクが上がってきたといえるでしょう。

そう考えると、戦後すぐに制定された私たちの憲法において、すでに世界の人類にまで、抽象的な共通点のレベルを引き上げていたことが、いかにすばらしいかわかると思います。

日本国憲法の**前文**には、

日本国民は、恒久の平和を念願し、人間相互の関係を支配する崇高な理想を深く自覚するのであつて、平和を愛する諸国民の公正と信義に信頼して、われらの安全と生存を保持しようと決意した。われらは、平和を維持し、専制と隷従、圧迫と偏狭を地上から永遠に除去しようと努めてゐる国際社会において、名誉ある地位を占めたいと思ふ。われらは、全世界の国民が、ひとしく恐怖と欠乏から免かれ、平和のうちに生存する権利を有することを確認する。

とあります。

「人間相互の関係を支配する崇高な理想を深く自覚する」――つまり、人間同士が共通の思いを持っているはずだというのです。そして、「平和を愛する諸国民の公正と信義に信頼して」とあるように、どこの国にも私たちと同じように平和を愛する人々はいるはずだという共通点に立脚しています。

私たちが信頼するのは、あくまでも外国の国家ではなくて、そこで生活する人々――Peace loving peoples です。その上で、「われらは、全世界の国民が、ひとしく恐怖と欠乏から免かれ、平和のうちに生存する権利を有することを確認する」と日本国民のことだけではなく、全世界の国民を視野に入れていることを宣言します。

このように、同じ人類という点に共通性を見いだし、だからこそ、お互いの違いを受け入れあえるはずだ、というのが日本国憲法の考え方なのです。これは、すごいことだと思います。

今あえてこれを逆行させ、異質なものを排除するような社会にするのは、知的レベルの後退にほかなりません。実際の暴力や言葉による暴力も含めて、力によって異端を排除しようとするのは、幼児性の表れです。

二〇〇六年の北朝鮮のミサイル発射実験に伴って、日本各地で民族学校や在日コリアンの子供たちへの嫌がらせが、また数多く起こったそうです。こうした少数者や異端者への嫌がらせは、この国の得意分野です。イラク人質事件のときもそうでした。自己責任という言葉が一人歩きし、人質になった若者をみんなでよってたかって攻撃しました。

こうした事件が起こるたびに、いかに日本社会が成熟した大人の社会になっていないかを痛感します。ですが、そうした現実があることから目を背けることはできません。こうした理不尽な行動をする人たちもまた、この国で生活をしている人間であり、ときに隣人であったりします。

なぜ私たちが少数者に嫌がらせをしたり、弱い者いじめに走るのか、その原因をしっかりと考えていくことが必要です。現象面をとらえて批判して終わるのではなく、原因を冷静にしっかりと考えることが求められています。

今の憲法を変えることで、そうした根本の問題が解決するでしょうか。かえって悪化させることにならないでしょうか。

憲法を変えれば社会が変わるかのように思うのは、幻想にすぎません。問題は私たち一人ひとりにあります（これは、高いところからものをいってしまいがちな自分への自戒も込めての思いです）。

さらにいうならば、今の憲法は人類水準ですが、もう一段上の、地球上のすべての人間、動物、植物など、あらゆる生命と共通点を見いだすことができれば、より大きな地球水準の憲法として環境問題などを本気で考えられるようになると思います。人類を超えて、地球のさまざまな生命と共通点を見いだすのは、相当に高い知性が要求されます。

私は、さらに上のレベルをめざす改憲ならば、すばらしいと思います。せっかく人類水準まで共通点を高めている今の憲法を、普通の国家の段階にまで引き戻してしまうのは、もったいないと感じています。

「飲み屋で負けない」憲法論議・ミニ知識Q＆A

Q 「学校の式典で君が代の斉唱の強制は違憲」という判決が出たようですが、日本の国歌なのだから、学校などで歌うのは当たり前ではありませんか？　そもそもなぜ「歌う、歌わない」「起立する、しない」ことぐらいで裁判沙汰になるのかが、わかりません。

A 入学式や卒業式で日の丸に向かっての起立や君が代の斉唱を強要するのは不当だとして、東京都立の高校や養護学校などの教職員が東京都教育委員会を相手どって、起立や斉唱義務がないことの確認や損害賠償を求めた訴訟を起こしました。そして二〇〇六年九月二一日、東京地裁において、原告の全面勝訴となる判決が出たのです。

憲法を理解している者からすれば、この判決結果はあまりにも当然のことといえます。ただ『日の丸』は、かつての軍国主義の象徴であり、『君が代』は、天皇の御世を指すといって、拒否する人たちもまだ教育現場にはいる。これには反論する気にもならない」と自著（『美しい国へ』文春新書）で堂々と書くような人が総理大臣になるような国ですから、これが画期的判決といわれても仕方がないのでしょう。

今回の判決では「我が国において、日の丸、君が代は明治時代以降、第二次世界大戦終了までの間、皇国思想や軍国主義思想の精神的支柱として用いられてきたことがあることは否定し難い歴史的事実」であると指摘しています。ですから、日の丸や君が代に軍国主義との連想を感じ、血塗られたイメージを持つ人がいたとしても、当然のことといえます。

日の丸や君が代にどのような思いを持つかは人それぞれであり、安倍さんのようにすばらしいと思う人がいてもいっこうにかまいません。問題なのは、それを国が強制することにあります。

一九九九年の国旗国歌法の成立の際には、当時の小渕恵三首相も「新たに義務を課すものではない」といった趣旨の談話を発表していました。有馬朗人文部大臣（当時）も「学習指導要領に基づく学校におけるこれまでの国旗・国歌の指導に関する取り扱いを変えるものではない」と述べています。しかし、現実には教育委員会によるひどい強制と不当な処分が行われています。これは明らかに憲法一九条で保障された「思想・良心の自由」の侵害が起きています。

国旗や国歌というシンボルにどのような気持ちを持つかは一人ひとりの自由であり、まさに内心の問題です。

そもそも憲法の下では、個人の人権は他人に迷惑をかけない限り最大限に保障されます。心の中でどのような思想を持とうが、それだけでは誰にも迷惑をかけませんから、思想・良心の自由も絶対的に保障されます。そして、どのような思想や良心を持っているのかを国が調査したり、それを強制的にいわせたりすることもできません。心の中のことは人にいいたくないこともあるはずです。それを無理矢理にいわせるというのは、その人の人格を無視することになり、人間としての尊厳を軽視することになります。これでは個人として尊重するという憲法の理念（一三条）にも真正面から反してしまいます。

「内心でどのように思っていてもいいから、とにかく起立して歌いなさい」と強制することは、君が代を快く思っていない人にとっては大変な苦痛ですし、自分らしさを強制的に奪われることになってしまいます。

今の憲法は多様性を認め合う社会をめざしています。その人なりの自分らしく生きたいという思いを最大限尊重しようとします。思想・良心の自由は、自分らしく生きたいという個人の尊重の延長線上にあり、日の丸・君が代の強制はこれを真正面から否定することになるという点をしっかり理解しておかなければなりません。

もし仮に多くの国民が納得するような新しい国旗や国歌をこれから作ったとしても、それに敬礼したり、歌ったりすることを強制することはできません。多くの国民がそれをよしとしても、よしとしない少数の人たちに強制することはできないのです。

＊

Q 凶悪な犯罪人の人権も守らなければいけないのですか？　最近の凶悪な事件の判決をみていると、犯罪者の人権ばかりが重視されているように思えます。もっと被害者側の気持ちを理解してあげたら？　被害者の人権はどうなるの？　と思うことがあります。

A　私たちは、刑事裁判という公的な制度の問題と、復讐《ふくしゅう》心という個人的な問題を区別することから始めなければなりません。そもそも刑事裁判とはなんのためにあるのでしょうか。刑事裁判は一見、被害者の無念さを国家がはらしてくれる制度のように思えるかもしれません。ですが、刑事裁判は被害者の復讐を国が代わって行うためにあるのではないのです。

刑法の目的も、被害者の復讐心を満足させるところにあるのではなく、人の生命や財産という法的に保護されるべき利益（法益）を守り、犯罪を防止するところにあります。

かつては、刑法が被害者や遺族の報復の感情を満足させるためのものだと考えられたこともあったでしょう。ですが個人のレベルでの仕返しを認めてしまっては社会が混乱するだけですし、また報復を国家が代わりに行うことも現実的には不可能です。国家が私的な復讐心に加担することは、国家の目的に反します。国家はあくまでも、国民が人権を保障されて安心して暮らせる社会を作るためのものです。

刑事裁判は、ルールに基づいて真実を明らかにし、国家が刑罰を科すことができるかを判断していく手続きです。そこでは、法に基づく客観性や公正さが要求されます。裁判手続きを通じて、国は傷ついた社会の秩序を回復しようとするのです。はっきりいえば、刑事裁判は被害者のためにあるのではありません。秩序の回復や犯罪防止といった公共的な役割を果たすためにあるのです。これが近代文明国家の刑事司法制度の本質です。

「憲法は、被害者の人権を保障していないではないか」という人がいますが、それは間違っています。被害者の人権も憲法でしっかりと保障されています。プライバシー権は一三条で、知る権利は二一条で、生活の権利は二五条で保障されているのです。あとは、それを具体化し実現する政治の問題です。つまり、福祉政策として国会や行政によって、被害者の人権問題はきちんと解決されなければならないのです。

実際に、ごく最近まで犯罪被害者や遺族への対策は後手に回っていました。いくつかの悲惨な事件の被害者や遺族たちの献身的な努力によって、やっと法制化の一歩が始まったという現状です。まだまだ被害者へのケアは十分とはいえません。

この被害者へのケアが不十分だと、被害者も刑事裁判という公的な場面に怒りを訴えていくしかなくなってしまいます。そもそも制度の目的が違うわけですから、司法の場だけで被害者や遺族の方の気持ちが慰められることはないのです。司法に裏切られたと感じてしまうこともあるかもしれません。これはとても不幸なことです。

被害者の人権をしっかりと保障するということと、被告人の人権を守るということはまったく別の問題です。被疑者・被告人の人権は、国家によって侵害される危険にさらされているのであり、強大な国家権力からいかに守るかが求められます。被害者、遺族の人権は、国家がその救済にいかに力を貸すか、という問題です。この二つはまったく次元の違う話であり、そもそも対立するものではありません。

第三章　そんなに九条を変えたいですか？

I　九条改憲賛成派の論理について

■「戦争のない社会をめざすべきだ」とする私の立場

日本国憲法の三原則は、「国民主権」「基本的人権の尊重」「平和主義」である、という話はすでにしてきましたが、この章では憲法九条を中心に、日本国憲法がめざす平和主義について考えてみたいと思います。

第一章でも述べましたが、私が改憲のための手続法である国民投票法の成立に反対してきたのは、今の改憲賛成派の人たちが「九条を変える」ことを目的としているからです。言い換えれば、私が憲法九条は絶対に変えるべきではない、と考えているからです。九条の条文をみてみましょう。

第九条 日本国民は、正義と秩序を基調とする国際平和を誠実に希求し、国権の発動たる戦争と、武力による威嚇又は武力の行使は、国際紛争を解決する手段としては、永久にこれを放棄する。

2 前項の目的を達するため、陸海空軍その他の戦力は、これを保持しない。国の交戦権は、これを認めない。

私は、九条が掲げる徹底した積極的非暴力平和主義を高く評価しています。すべての戦争とその誘因となる武力を一切放棄し、交戦権を認めず、戦力も持たないというところまで徹底した積極的非暴力平和主義が書かれた憲法は、世界史上に類をみません。

まず、九条の議論の前提として私の考えをお話ししておきます。私は「戦争はよくない、戦争のない社会をめざすべきだ」という立場に立っています。この点を否定されると議論がかみ合わなくなるので、まずは「戦争はよくないものだ」という前提で話をさせてください。「いや、戦争も捨てたものじゃない、ちゃんとした意味がある」という主張にも反論したいと思いますが、「戦争はよくない」という前提で話を進めていきます。

少し前までは、国際社会も戦争はよくないことだという認識で一致していたように思うのですが、最近はそうでもありません。「正義のための戦争」、「人道のための戦争」という具合に、戦争を肯定するようになりました。自国民に被害がなければ、戦争をしても別にどうってことない、というわけです。

こうした考えは、人道的な目的が非人道的な手段を正当化するものですが、私はこうした考えには賛成できません。なぜなら、人間の生命を手段として使っているからです。人の生命を道具とする考え方にはどうしても納得がいかないのです。最近はもっと露骨に軍需産業のために戦争を引き起こし、特定企業が儲《もう》かるようにしむけているとみえることもあります。昔は「戦争があるから、軍や軍需産業が必要だ」といわれましたが、今は「軍や軍需産業のために戦争が引き起こされる」といわれるような時代になってしまいました。

しかし、私はどのような理由があっても戦争には反対です。それはどんな理由をつけても戦争は人殺しだからです。日本が戦争をするとなると、私たち国民が、税金で人殺しに加担することになるからです。

現在日本は、直接手を染めてはいませんが、米軍を支援することを通じて間接的に戦争、つまり人殺しに加担しています。私たちの税金で生活している在日米軍兵士が、この日本で殺人の訓練を受け、イラクなどの戦地に赴いています。

そんな認識はないでしょうが、みなさんがお昼、コンビニで買ったお弁当の消費税も人殺しに使われているのです。

「戦争はよくないことだ、戦争はしたくない」という考え方には同意するとしても、それと憲法九条の改正とは別であり、「九条を変えて、軍隊を持つことは必要だ」という意見を持つ人がいます。

そこで、「憲法がめざす平和主義」についてお話をする前に、最近私がよく耳にする九条改憲に賛成、自衛軍創設賛成の意見について検討していきましょう。

■九条改憲賛成派の人たちの声

最近、私のもとにあちこちの団体から講演の依頼をいただきます。市民団体、職業団体、中学校や高校、大学などさまざまな場所で、さまざまな人たちの前で憲法について話をしています。聴衆のみなさんは改憲に反対する人ばかりではありません。ときに、以下のような鋭い質問や意見をいただくことがあります。

「私たちの生命を守ってくれる軍隊は必要だと思います」

「軍事力を持つこと＝戦争をする社会とするのは、あまりにも短絡的ではありませんか？」

「自衛隊は軍隊ではないので、外国で国際貢献活動をするときも、日本は外国に守ってもらわなければならず、かえって他国の足手まといになっているのではないですか？」

「近隣諸国から攻められたらどうするんですか？」

「私たちは強盗に襲われないように家に鍵をかける。国を守るために軍隊を持って防衛することも、それと同じではないですか？」

「日本の憲法ってアメリカの押しつけなんでしょ？　私たちの手で憲法を作るべきでは？」

「九条の理想と現実が違うなら、現実に合わせるほうがよくないですか？」

こうした意見や心配はもっともなものであり、しっかりと考えていくことはとても大切です。こうした意見の中から、ここでは以下の意見について考えていくことにします。

1 国民の生命や財産を守るためには、軍隊が必要だ
2 軍隊を持ったからといって、必ずしも戦争をするわけではない
3 攻められたときのために、軍隊を持っておくべきだ
4 独立した主権国家である以上、自分の国は自分で守るのが当然だ。そのためには軍隊が必要だ
5 近隣諸国が軍事力を増強しているという状況に、現実的に対応するべきだ。そうじゃないと安心できない

また、日本の国際貢献のあり方についても考えていきたいと思います。

1 「国民の生命や財産を守るためには、軍隊が必要だ」への意見

■軍隊は何を守るのか

「外国が攻めてきたときに、軍隊に私たちの生命と財産を守ってもらう必要がある。そのためには自衛軍が必要だ」という意見は、とてもわかりやすいものだと思います。

こうした考えを持つ人たちが期待しているように、万一のときに国の軍隊は国民の生命と財産を守ってくれるのでしょうか。残念ながら、そうではありません。

第二次世界大戦中の沖縄戦では、足手まといや、食糧不足の要因になるという理由で、日本軍によって住民が大量に殺害されました。野戦病院にも民間人は入れてもらえませんでした。沖縄だけではありません。

歴史小説家の司馬遼太郎は、昭和二〇年当時、関東平野を守るべく栃木県佐野の戦車第一連隊に所属していました。そこで大本営からきた少佐参謀の言葉に驚きます。

連隊のある将校が、このひとに質問した。

「われわれの連隊は、敵が上陸すると同時に南下して敵を水際で撃滅する任務をもっているが、しかし、敵上陸とともに、東京都の避難民が荷車に家財を積んで北上してくるであろうから、当然、街道の交通混雑が予想される。こういう場合、わが八十輛の中戦車は、戦場到着までに立ち往生してしまう。どうすればよいか」

高級な戦術論ではなく、ごく常識的な質問である。だから大本営少佐参謀も、ごくあたりまえな表情で答えた。

「轢《ひ》き殺してゆく」

（『歴史の中の日本』中公文庫）


こうした体験から、司馬遼太郎は別の随筆では次のように論評しています。

戦争遂行という至上目的もしくは至高思想が前面に出てくると、むしろ日本人を殺すということが論理的に正しくなるのである。（中略）沖縄《おきなわ》戦において県民が軍隊に虐殺《ぎゃくさつ》されたというのも、よくいわれているようにあれが沖縄における特殊状況だったとどうにもおもえないのである。

（『歴史と視点―私の雑記帖―』新潮文庫）

司馬の考えをまとめると、「軍隊というものは本来、つまり本質としても機能としても、自国の住民を守るものではない、ということである。（中略）軍隊が守ろうとするのは抽象的な国家もしくはキリスト教のためといったより崇高なものであって、具体的な国民ではない」（『沖縄・先島への道　街道をゆく6』朝日新聞社刊）ということになるのです。

軍隊では、目の前の住民を見捨てても、命令に従って行動できる指揮官が優秀な指揮官です。感情に流されてしまって、部隊を危機にさらすことは戦争のプロのやることではありません。そして、このことは現在でも変わることはありません。

一九七七年に米軍の戦闘機が横浜の住宅地に墜落し、幼児を含む市民九人が死傷した際も、自衛隊は、被害者が適切な治療が受けられるように努力することもなく、米軍乗務員を救出しただけでした。娘と孫を奪われた男性は事故当時の様子を次のように書いています。

五人の重傷者を出すという大惨事のさなか、自衛隊が活動したのは、実にこの二人のパイロットの救助にだけだったのである。（中略）米兵たちがまず行ったことは、被害者の救出や被害状況の調査、ではなく周辺の人たちを事故現場から閉め出すことだった。怒りにふるえる人たちに、彼らはニヤニヤしながらVサインを出してみせたりした。

（『「あふれる愛」を継いで』土志田勇　七つ森書館刊）

二〇〇一年にはアメリカの原子力潜水艦が日本の高校生の乗った実習船「えひめ丸」に衝突し九名が亡くなりましたが、このときも潜水艦乗組員が高校生を救出することはしませんでした。

古今東西、そもそも軍隊は住民や国民を守るものではないのです。自衛官出身の軍事専門家、潮匡人さんは「軍隊は何を守るのかと言い換えるなら、その答えは国民の生命・財産ではありません。それらを守るのは警察や消防の仕事であって、軍隊の『本来任務』ではないのです」（『常識としての軍事学』中公新書ラクレ）とはっきりと指摘されています。

これが、軍事専門家のいうところの「軍事の常識」なのです。私たちも、この常識を前提に議論しなければなりません。

それでは、軍隊が何を守るのでしょう。「国体、または日本の文化伝統」という答えがよくいわれています。国民一人ひとりではなく、抽象的な「国」を守るというわけです。

間違っても、外国が攻めてきたときに、私たち住民、国民を軍隊が守ってくれると考えてはいけません。

外国が攻めてきたときに、私たちの生命や財産を守ってもらうために軍隊が必要なんだという議論は、そもそも前提において、「軍事の常識」から外れてしまっていて成り立たないのです。

2　「軍隊を持ったからといって、必ずしも戦争をするわけではない」への意見

■必要性と許容性から考えると

　およそ、物事を主張するときには、「必要性と許容性」という観点から説得することが有効です。法律的にものを考える人間はつい、この必要性と許容性から分析しようとしますが、このやり方はけっこう役に立ちます。ここでも、このやり方で考えてみましょう。

　アメリカの引き起こす戦争に巻き込まれないために、自衛隊の存在を軍隊といして憲法の中に明記して「専守防衛に徹し、海外における武力行使はできない」と憲法上明確にしておくべきだという必要性を、この説をいう人たちは主張しているのだろうと推測されます。

　この必要性からの主張は、いわば憲法による歯止めをかけるために改憲するべきだというものであり、説得力があると思います。確かに、現在は憲法上は認められていない自衛隊という実質的な軍隊が存在してしまっていて、ずるずるとなし崩し的に自衛隊の活動領域を広げてしまっています。これはきわめて危険なことです。

日本国憲法は軍隊の存在を予定していないために、これをコントロールする方法について何も規定していません。存在しないはずのものが存在してしまい、しかもそれをコントロールする方法が憲法に規定されていないのですから、「事実上野放し状態ではないか、これをしっかりとコントロールするために改憲するべきだ」という主張は、立憲主義に基づいたまっとうなものであるように思われます。

ですが、この主張に果たして許容性があるでしょうか。いくら必要性があったとしても、現実を考えた上での許容性がなければ実現できません。

大好きな彼氏や彼女に「会いたい、今、会わなくちゃいけないんだ」という必要性があったとしても、勉強や仕事で忙しくて「会う時間がない、許容性がないから会えないよお」ということはいくらでもあります。また、ダイエットをしなくちゃいけない、このままでは太りすぎだなと思ってダイエットの必要性を感じたとしても、健康を害してまでやせることはできません。そこまでしてやせることには、許容性がないのです。

さて、「九条を変えても、軍事大国になるわけじゃないから心配はいらない。軍隊を持ったからといって、憲法にしっかりとその活動の限界を明記しておけば、コントロールできるから、「大丈夫」といえるのでしょうか。本当に九条を変えることに、許容性があるでしょうか。

専守防衛に徹し、軍隊を自衛のためにしか行使しない、と憲法に明記すれば安心かを考えてみましょう。日本が、侵略戦争に加担するおそれは本当にないのでしょうか。

残念ながら、これまで人類は自衛戦争の名の下で多くの悲惨な失敗を繰り返してきました。日本もかつて第一次世界大戦後の一九二八年に、パリ不戦条約に署名しておきながら、「国家政策の手段としての戦争」、つまり侵略戦争を「満州事変」から「大東亜戦争」にいたるまで、自衛の名の下に行ってきました。

また、アメリカの行ったベトナム戦争も、旧ソ連のチェコスロバキア軍事介入や、イギリスの中東のイエメン介入なども、集団的自衛権の名の下に行われてきました。自衛という名目がいかにいい加減なものかを私たちは思い知っているはずです。

これらのことから、侵略戦争と自衛戦争の区別は意味をなさないというのが、歴史から得た教訓です。つまり、侵略戦争はしないと明記したところで、軍隊を持ってしまえば、それに対する歯止めにはならないということです。

憲法制定時の衆議院における国会審議でも、当時の吉田茂首相は「国家正当防衛権による戦争は正当なりとせらるるようであるが、私はかくのごときことを認むることが有害であると思うのであります。（中略）正当防衛、国家の防衛権による戦争を認むるということは、たまたま戦争を誘発する有害な考えである」（一九四六年六月二八日　衆議院本会議での答弁）と述べています。

このように、自衛のための戦争と侵略戦争の区別はできないのですから軍隊を持つこと自体に許容性がないのです。

■文民統制は正しく機能するのか

また、軍隊を持つと、軍人はどうしてもそれを使いたくなってしまいます。本当に効果があるのか実験したくなるのが、人情です。これは仕方のないことでしょう。楽しそうなおもちゃを渡された子供が、「それで遊んじゃいけないよ」といわれて、我慢できるわけがないのと同じです。

もちろん、軍隊は子供のおもちゃとは違いますし、文民統制というシステムがあります。

文民統制とは、軍隊を国会などの民主的政治過程によってコントロールしようという考えです。では、文民統制は有効に機能するのでしょうか。

私は、それは不可能だと考えます。文民統制が機能するためには、コントロールする側の有権者や、その代表が、軍事に関する情報を正確に有していることが必要となりますが、軍事や防衛に関する情報をすべて公開してしまったら、それこそ国家の安全にかかわります。よって、軍事情報は肝心なところは秘密にされるのは確実です。

与えられる情報が限定されているにもかかわらず、正しい判断が下せるという保証があるのでしょうか。特に先のアメリカによるイラク攻撃のように、誤った情報を流されてしまったら、正しい文民統制など幻想にすぎないことがよくわかります。

日本でもイージス艦の情報漏えいや、自衛隊による国民監視を許すなど、自衛隊を正しくコントロールできてはいません。そんな政治家や国民に、軍隊をコントロールできると考えることには無理があります。よって、この点でも軍隊を持つことの許容性はないと考えます。

そもそも「憲法で歯止めをかけておけば大丈夫」という考えは、権力者が憲法を守ってくれるという前提があっての話です。政治家などの権力者は、新しい憲法を遵守してくれるという前提に立っています。つまり、権力を信頼しているわけです。

現在の憲法すら守れないような人たちを信頼して、「軍事力を与えても憲法を守れるはずだから、その人たちに対する歯止めを緩やかにしてもかまわない」と考えるのは、少し楽観的すぎないでしょうか。

3 「攻められたときのために、軍隊を持っておくべきだ」への意見

■軍隊を持っていても攻撃される？

「攻められたときのために、軍隊を持っておくべきだ」という主張は、自衛隊を軍隊に昇格させる理由として、よくいわれる論拠です。

「攻められたらどうする？　不法侵入されたらどうする？」――こうした問いに対して、「一切何もしない、なるにまかせる」というのも立派な答えです。しかし、それでは国民の理解を得るのはむずかしいように思います。

私は、一定の自衛のための警察力は必要と考えています。不法侵入を許さないために海上保安庁や国境警備隊のような組織が警備に当たることは必要でしょう。また、テロ対策のための危機管理組織を充実させることも必要かもしれません。テロは、外国からの脅威だけではありません。地下鉄サリン事件という、世界で最初に生物化学兵器の大規模なテロ攻撃を受けたのは、日本なのですから。

なんらかの危機管理組織を充実させて、私たち一人ひとりの生命と財産をしっかりと守ること。場合によっては国際救助隊のような災害救助組織を派遣して、世界で災害救助活動を行うことも必要です（これは意味のある活動、国際貢献だと思います。自衛隊という組織のままでいいのか、については検討の余地がありますが）。

ですが、こうした自衛のための警察組織や危機管理組織、災害救助組織を持つことと、外国を攻撃できる軍隊を持つことはまったく別の話です。

外国から攻め込まれたときに、軍隊を持っていれば私たち国民は安全なのでしょうか。軍隊を持っていることによって、国民を守れるのでしょうか。

それは不可能です。アメリカは世界一の軍事力を持っていたのに、アメリカ国民の生命と財産は守れないということを、9・11同時多発テロが明らかにしました。イギリスも世界有数の軍隊を持っていながら、ロンドンをテロから守ることはできませんでした。つまり、現在の「テロとの闘い」といわれるような戦争では、軍隊を持っていたとしても攻められてしまったら同じなのです。

特に日本は、入り組んだ海岸線に囲まれ、人口が密集し、新幹線が走り回り、多くの原子力発電所を抱えています。このような国が軍隊を持つことによってテロを含む攻撃から国民を守れると考えるほうが、よほど非現実的なことだと思います。

北朝鮮が中距離弾道ミサイル「ノドン」を発射したら約七分で日本に着弾するため、「有効な対抗手段はない」と日本政府はいっています。つまり、攻撃されてしまったら、軍隊を持っていても同じなのです。

■軍隊を持っているほうが、攻められる危険性がより小さくなるのか

軍隊を持っていようと持っていまいと、攻められたら同じなのです。となると問題の焦点は「軍隊を持っているほうが、持っていないよりも、より攻められる危険性が小さくなるのか」という点に移ります。この判断は、簡単なことではできません。

今の日本国憲法は、軍隊を持つことはかえって攻撃の口実を与えることになるから、軍隊は持たないほうが安全だ、という考えによって、非暴力平和主義を宣言しています。ということは、この憲法を変えようという人たちには、「軍隊を持っているほうが、攻められる危険性が小さくなり、より安全になる」ということを証明してもらわなくてはなりま

せん（法律の世界ではこれを「証明責任」といいます）。

果たして、この証明は可能なのでしょうか。軍隊を持っているアメリカやイギリスがテロの攻撃を受けている以上、この証明はかなりむずかしいと私は思います。

軍隊を持つことのメリットをあえてあげるとすれば、それは「先制攻撃ができる」ということと、「抑止力になる」ということかもしれません。

先制攻撃は相当なリスクを伴います。いくら相手が攻撃のそぶりをみせてはいても、実際に攻撃してきていないのに、自ら先んじて攻めていくわけですから、その正当性はかなりあやしくなります。一歩間違うと、先制攻撃は侵略戦争となります。当然、相手も反撃するでしょう。戦争が始まり、暴力の連鎖、憎しみの連鎖が始まります。それにより多くの国民の生命と財産が失われることになります。こうした殺し合いの無間地獄に入り込むリスクを負って、先制攻撃をしかけるメリットがあるのでしょうか。きわめて疑問です。

では、軍隊を抑止力として使うことはどうでしょうか。抑止力とは簡単にいえば、脅しです。「攻めてきてみろよ、もっとひどい目にあわせてやるからな」といって相手を脅し、攻撃させないようにするわけです。

こうした脅しが効果を持つためには、相手よりも強い武器を持っていなければなりません。よって、相手が核を持っていれば、こちらも当然核を持たなければ、抑止力として意味がありません。軍備拡張政策がとられ、今以上に予算は福祉から軍事費に回されるようになります。増税も現在の比ではなくなるでしょう。

そして、万が一、本当にどこかの国から攻撃されたら、反撃しなければなりません。口先だけの軍事力では抑止力にはなりませんから、しっかりと反撃することになります。つまり、戦争が始まり暴力の連鎖が始まるわけです。国民の生命と財産に対する被害はますます拡大するでしょう。こちらが一回反撃すれば、すべてが終わるほど世の中は甘くありません。私たちの後々の世代まで憎しみの連鎖を引きずることになるでしょう。

そもそも、世界最大の軍事国家であるアメリカですら、軍事力による抑止力によってテロからの攻撃をかわすことができなかったのですから、合理的判断をしようとしないテロリストのような相手に対しては、軍隊の存在は抑止力として無意味であることがわかります。

国民の生命と財産を守り、仮に被害が出たとしても、その被害を最小限にくい止めるのが国家の任務であると考えた場合、抑止力としての軍隊は合理性がありません。

今、私たちに求められているのは、攻められたらどうするとか、軍隊がないと不安だ、というような抽象的な漠然とした感覚で判断することではなく、もっと具体的な一人ひとりの生活に引き戻して考えることではないでしょうか。

■日本軍が米軍と一緒に行動すれば、より安全になるのか

自衛隊を軍隊に変えて、米軍と一緒に軍事行動をとれるようになれば、私たちの生活は今よりも安全で、安心なものに変わるのでしょうか。それとも、テロの危険がより大きくなり、より緊張を強いられるような生活になるのでしょうか。

アメリカのアフガニスタン攻撃やイラク戦争に日本が加担する以前と以後を比べれば、答えは明らかです。以前は新幹線からゴミ箱がなくなることはなかったし、飛行機の国内線に乗るときも靴まで脱がされてチェックされることはありませんでした。もちろん、日本がテロの標的リストに載ることもありませんでした。

日本軍がアメリカと行動を共にすることにより、アメリカの敵は日本の敵となり、日本

は今まで以上に攻撃されやすくなります。私たちはより危険にさらされるようになるのです。常にテロの脅威にさらされてびくびくしていなければならない社会、それが普通の国だから仕方がないと、覚悟することができるでしょうか。

4 「独立した主権国家である以上、自分の国は自分で守るのは当然。そのためには軍隊が必要だ」への意見

■アメリカに守ってもらっている日本

現在日本は、〝独立した主権国家なのにアメリカに守ってもらっている〟という状況にあるといわれています。しかし、「いざというときは日米安保条約があるから、アメリカに守ってもらえる」ということについて、あまり楽観的に考えるべきではないと思います。私には、安保条約も米軍の武器弾薬などの兵站《へいたん》の要《かなめ》として、軍事訓練拠点として、日本が機能するためにこそ存在しているようにみえます。

日本中に一三五カ所もある米軍の軍事施設は、安保条約六条によって、「日本国の安全に寄与し、並びに極東における国際の平和及び安全の維持に寄与するため」に置かれていることになっています。しかし、実際には、イラク戦争でも横須賀から空母キティーホークなどが出撃し、トマホークでの攻撃や艦載機による空爆で多数の一般市民を殺害し、三

沢や嘉手納から出撃した一万人以上の部隊がイラクに展開し、大義なき戦争を続けています。

どうもアメリカはアメリカの都合で戦争を行っているようで、あまり日本のいうことを聞いてくれそうもありません。いざというときにも、アメリカ国民やアメリカ企業の利益を第一に考えるでしょう。

だからこそ、やはり日本は自前の軍隊を持たないと不安だ、という気持ちはよくわかります。まさに「日本は独立した主権国家なのだから、自分の国は自分たちの軍隊で守るべきだ」という考えになるのでしょう。しかし、本当にそうでしょうか。

この主張は、二つに分けることができます。

① 独立した主権国家である以上、国には自衛権があるのであり、自分たちで国を守ることができるし、また守るのが当然である

② 国を守るためには軍隊は不可欠である

②については、軍隊は私たち国民の一人ひとりの生命や財産を守るものではないというのが「軍事の常識」であり、国を守るためには軍隊以外の方法もあることは、すでに述べました。

ここでは①に焦点を絞って考えてみましょう。

■自衛権とは？

そこで「独立した主権国家だから自衛権があるはずだ。自衛権があるのだから、自分たちで守らなければならない」という点です。

そもそも戦争は国家間の争いです。その戦争が正当化される場合を昔から国際法学者はなんとか説明しようとしてきました。「国際法の父」と呼ばれるオランダの法学者であり政治家のグロティウス（一五八三―一六四五）という人は、戦争が正当化される条件として、「自己防衛」「財産の回復」「処罰」の三つをあげていました。その後も「他国を侵略する戦争はいけないが、自己防衛つまり自衛のための戦争は仕方がない」という考えが主流となりました。

いくら戦争を避けようとしていても、他の国から戦争をしかけられてしまったら応戦せざるをえない。だから国家は自衛権を持つのだ、というわけです。

ふつう自衛権とは、「ある国家が、他の国家から不法な武力攻撃を受けたときに、それを排除する上で他に手段がなく、緊急やむをえない場合に、必要な限度を超えない範囲で反撃する権利」と定義されています。

もちろん、この定義からもわかるように攻撃されたら何をしてもいいというわけではありません。

- 急迫不正の侵害があること
- その侵害を排除するために他に手段がないこと
- 排除するために許される実力行使は必要最小限であること

という三要件を満たす必要があります。

こうした自衛権は、独立した主権国家が持つ当然の権利と考える人が多くいますが、自衛権という概念は時代によって、その内容も変わり、位置づけも変わってきているものなのです。

■国連憲章における自衛権・集団的自衛権

第二次世界大戦後に生まれた国連憲章では、原則として一切の戦争を違法としています。そして、国家の安全は、集団安全保障によることとしています（集団安全保障については、あとで説明します）。国際の平和を維持するためには、一国の自衛権に頼るのではなく、あくまでも集団で対処することにしたのです。ただ、集団的措置をとることができないときに限って、例外的に自衛権を認めたのです。

自衛権の行使は、現実に武力攻撃が発生した場合にのみ、安全保障理事会が措置をとるまでの間の暫定的なものとして許されているにすぎません。あくまでも例外であり、国家が当然に持っている権利という発想ではないのです。国連憲章五一条に、それが規定されています。

この五一条に、世界ではじめて「集団的自衛権」という概念が登場しました。それまでは自衛権といえば、自分の国が不法に侵略されたときに行使するものと考えられていたのですが、それは「個別的自衛権」と呼ばれるようになりました。

集団的自衛権――つまり「同盟国が攻撃されたときに、自国への侵害とみなして、その相手国に対する武力攻撃を正当化する」という考えが生まれたのです。「他国のために、または他国に代わって武力攻撃をする」ことが認められたのですから、これは自衛権という概念の大きな変化です。

集団的自衛権はもともと、アメリカが合法的に軍事行動をとるための免罪符として創り出されたものといえますが（そのあたりの経緯は、浅井基文著『集団的自衛権と日本国憲法』〈集英社新書〉を参照してください。入門書としてとても勉強になります）、その後も、ベトナム戦争をはじめとして、湾岸戦争などが集団的自衛権の名の下に行われてきました。

個別的自衛権も集団的自衛権も、国家がもともと持っているから当然の権利として国連憲章で規定されたのではなく、大国の意向によって、国際政治の妥協の産物として規定されたにすぎません。

■個人の正当防衛権は国家に置き換えられるのか

また、自衛権と関係して正当防衛権についての議論もよく話題になります。「独立した主権国家なのだから、正当防衛権がある。個人に正当防衛が認められるのと同じように国家にも正当防衛権があり、自衛のための戦争は当然に許されるはずではないか」というものです。個人の正当防衛と国家の正当防衛権についても考えてみましょう。

刑法の世界では、正当防衛が認められる根拠については議論がわかれています。しかし、どのような説明の仕方であっても、人間には生まれながらに「正当防衛権」という権利があるといっているわけではありません。襲われたときに、その侵害者を殺害することは、たとえ正当防衛であっても刑法上の犯罪行為にあたります。本来は、相手が誰であっても、どのように襲われたかにかかわらず、殺人は違法です。ただ一定の要件を満たした場合に例外的に法的には違法と評価されない、というだけのことなのです。あくまでも正当防衛は刑法という法律によって例外的に認められたものにすぎないのです。

また、刑法の正当防衛は、侵害してきた相手に対してのみ反撃を許しているだけです。反撃の際に第三者を侵害してしまったときには、正当防衛は成立しません。戦争の際に、目の前で自分に銃を向けている敵の兵士を殺害することは正当防衛になるとしても、その背後の部隊や、ましてや民間人を殺害することを正当防衛で正当化することは、不可能です。

刑法が個人に例外的に正当防衛を認めているからといって、国家に同じように正当防衛権が認められるという理由はどこにもありません。国家の問題は国家の問題として、国際法によって、どのようなときに自衛権の行使が許されるかを個別に検討するべきものです。「独立した主権国家である以上、当然に自衛権があるから、自衛軍を持ち、自衛戦争ができるように準備するのは当たり前だ」という主張は一見もっともらしいのですが、実は当然のことではないのです。自衛権も当然に認められるものではなく、国際社会の一定の条件の中で生まれるものにすぎません。ましてや個人の正当防衛と同列に論じることなどできないのです。

個人の正当防衛の問題と国家の自衛権の問題を同一視すること自体が間違っています。個人の正当防衛を、自衛戦争を正当化する根拠にすることはできません。

■九条における自衛権の考え方

日本ではよく、「個別的自衛権は行使できるが、集団的自衛権は行使できない」と説明されることがあります。ここでいわれる個別的自衛権は、現在の憲法の下では、軍事力の行使以外の方法による自衛です。つまり、自衛のための警察力は許されるというわけです。確かに警察や海上保安庁などが国民の生命、財産を守るために行動することは許されるべきでしょう。

ですが、本来の自衛権は、武力行使を前提にしているのですから、「日本国憲法は自衛権すら否定している」といったほうがすっきりします。ただこの考え方に抵抗があるのであれば、「自衛権はあり、警察力の行使は認めているけれども、軍事力は行使できない」と理解しておいてもかまいません。

それに対して、集団的自衛権は現在の憲法の下では行使できません。これは政府も一貫して否定してきました。たとえば、こんな答弁をしています。

「我が国が、国際法上、このような集団的自衛権を有していることは、主権国家である以上、当然であるが、憲法第九条の下において許容されている自衛権の行使は、我が国を防衛するため必要最小限度の範囲にとどまるべきものであると解しており、集団的自衛権を行使することは、その範囲を超えるものであって、憲法上許されないと考えている」（一

九八一年五月二九日　衆議院議員稲葉誠一氏提出の「憲法、国際法と集団的自衛権」に関する質問に対する政府答弁書）

「持っているけれど、行使できない、というのはわけがわからない」という政治家がいますが、そうでしょうか。これは、「二〇〇キロのスピードが出る車を持っているけれども、日本では一〇〇キロまでしか出さない」のと同じです。持っているけれど使わない。できるけど、やらない。これは誰もが理解できることです。

日本は、憲法で集団的自衛権は行使できないと自分たちに歯止めをかけたのです。アメリカを中心とした集団的自衛権の名の下に行われた、さまざまな不法な武力行使に直接的に加担しないですんだのは、九条があったからです。

最近、これまでの政府見解を修正して、集団的自衛権を行使できるという憲法解釈をしようという動きがあるようです。

集団的自衛権の行使は、我が国に対する武力攻撃が発生していないのに相手国を攻撃することになります。戦力の保持を許さず、国の交戦権を認めないとしている憲法九条二項の下では、自国が攻撃されているわけでもないのに他国を武力攻撃することができるという解釈は、許されません。どの程度の行為なら集団的自衛権の行使として許されるかという議論は、最初から成り立ちません。したがって憲法の条文（九条二項）に反する解釈を、「明文改憲（正規の手続きによって憲法条文の字句を修正・削除・追加すること）」をしないで行おうとするものであり、とうてい許されることではありません。

権力者が自分の好きなように憲法の解釈を変更して自由に振る舞えるのであれば、憲法など存在しないに等しくなります。国家の最高権力者が憲法という最高法規たる法を尊重しないのですから、国民に法律を守れ、ルールを守れといえなくなります。もし仮に政府が「解釈改憲」などの名目で集団的自衛権についてのこれまでの解釈を変えるようであれば、国民に憲法や法はその程度のものだと思われてしまいます。自分たちの都合で無視したり、都合よく解釈を変えたりしていいのだとする態度は、この国の道徳的荒廃をもたらします。保守派の人たちが最も嫌う「ルールを守らない日本人」となっていくことでしょう。

集団的自衛権を認めたいのであれば、国民投票にかけて、憲法九条二項を削除するという明文改憲を行わなければなりません。

■独立した主権国家ならば自国の軍隊で自らを守るべき？

さて、これまでの議論の前提には、「自分の国を守るのは、自分たちだ」という考えがありました。そこには、独立した主権国家なのだから、自分たちで自分の国を守るのは当然だという発想があるように思われます。確かに、近代民主国家は国民が作った国家であり、国民が自分たちで守ろうとするのは当然のなりゆきでもあります。本格的な国民軍は、フランス革命によって生まれたといっても過言ではありません。徴兵制は、民主主義の産物です。

また、市民革命はそれまで国内に存在していたさまざまな権力――地方都市や封建領主、教会や大学といったものまでを含めた、あらゆる権力の頂点に国家があるのだと、国家の位置づけを明確にしました。権力を国家へ集中させ、国内的には国家を最高のものとし、対外的には独立の存在としたのです。これを「国家の最高独立性」といい、「国家主権」ともいいます。こうして主権国家ができあがり、戦争も独立した国家によるものとなります。

なお、ここでいう国家の主権は、国民主権の主権とは意味が違います。国民主権の主権は、国家における政治の最終決定権を意味します。一方、国家主権の主権は、国家自体の最高性、独立性を意味します。「日本は主権国家なのだから、外国による内政干渉は許さない」というときに使う「主権」です。

このような主権国家である以上は、自分たちで自分たちの国を守るのは当然のように思えるのですが、最近はそうでもなくなりました。この独立国家としての主権が、制限されるようになってきたのです。その典型はＥＵです。国家の独立を守るために、むしろ国家の主権をお互いに制限していこうとするわけです。この一見、逆説的にも思える発想は、現代の潮流の一つといってもいいでしょう。

自分の国を守るために自国の軍備を拡大すると、どうしても軍拡競争となり、かえって地域の軍事的緊張が高まります。紛争の火種を抱えることになり、地域の安全保障の障害になります。そこで、自国の戦争する権利を制限して、周辺諸国と信頼し協力しあうことで安全保障を実現しようという試みが生まれたのです。

独立国家としての主権を制限することで、むしろ国家の安全を守ろうとするのですから、これまでの自衛権の発想とはずいぶんと方向性が違います。むごい戦争を経験した人類が到達した知恵といってもいいかもしれません。これが「集団安全保障」という考え方です。

■世界の潮流は集団安全保障へ

集団安全保障は、多くの国があらかじめ友好関係を結び、相互に武力行使を禁止すると約束して、お互いの国家主権を制限します。もし万が一、この約束を破って他国を侵略する国があれば、他のすべての国が協力して、その侵略を止めさせようとするのです。侵略された国が自衛権を行使して反撃する、という手段はとりません。

集団的自衛権は、同盟国の敵をも自国の敵として反撃しようとするもので、同盟国だけで結束し、それ以外は敵とみる、いわば「排除の論理」を前提にしています。一方、集団安全保障は、仲間を信頼して、共同して問題を解決しようという「共生の論理」を前提にしています。その発想がまったく逆向きなのです。

国連憲章は、先に述べたように集団安全保障を原則としました。国際政治の現実への妥協から自衛権の行使を禁止することはできませんでしたが、あくまでも集団安全保障の枠組みで問題を解決しようという姿勢は明確です。

一九四六年に制定されたフランス憲法でも、「フランスは、平和の組織及び防衛に必要な主権の制限に同意する」として、個々の国が自分たちの力だけで、自国を守るという伝統的な発想から解放されたのです。その後ドイツでも安全保障のために国家主権を制限する憲法を制定します。

こうした集団安全保障のために国家主権を制限するという発想は、日本国憲法九条と前文に端的に表れています。日本は国家主権としての戦争を放棄し、自国の安全を維持する手段としての戦争も放棄したのです。

独立した主権国家だから、自分の国を自分たちで守らなければならないという考え方は、いい、いい、自分たちだけで守るべきだという意味であれば、それは時代遅れの発想ということになります。世界の潮流は、たとえ国家の主権を制限しても、集団安全保障の枠組みをいかに構築していくかに焦点が移っているのです。

もちろん、ヨーロッパでも移民や人種、宗教の問題など、安定した集団安全保障の枠組みを作り上げるにはまだまだ多くの難問を抱えています。国連も十分に機能しているとはいえません。しかし、他国と協力して集団安全保障を図っていこうとする枠組み自体は否定されていません。地続きのヨーロッパでは、自国の軍事力だけで自国を守ろうとすることがいかに非現実的か、よく理解されているからでしょう。

日本も、アジアの一員として存在し続けるためには、大陸や朝鮮半島の国々と協力関係を築き、アジアにおける集団安全保障の枠組みをいかに構築するかという大きなテーマを議論する時期にきているように思われます。アジアでは、経済問題のみならず、エネルギー問題、環境問題、自然災害対策など私たちの生存に必要な課題が山ほどあります。それらの問題が軍事力強化によって解決できるとはとても思えません。

こうした我々の生存や生活を脅かすあらゆる脅威からの安全を確保するためには、アジア各国との信頼関係、協力関係の構築は不可欠のはずです。そのときに他国の軍拡路線に惑わされて、日本の基本的な軸がぶれることは、日本のみならず、アジア、ひいては世界の安全保障に大きなダメージを与えることになるでしょう。

5 「近隣諸国が軍事力を増強しているという状況に現実的に対応するべきだ。そうじゃないと安心できない」への意見

■近隣諸国が攻めてくる蓋然性

意見1のところで、「軍隊を持ったところで、軍隊は私たち国民の生活を守らない」と検証しましたが、それでも、「中国が軍事費を増強した、北朝鮮が核実験をした」というニュースが入ってくると、日本も軍隊を持っていないと危ない、という議論に発展しがちです。

中国や北朝鮮などの軍事的脅威からこの国を守るためには、軍隊が必要だと考える人たちは、中国が軍備を拡大したり、北朝鮮が「核兵器を保有している」と発表したことなどをとらえて、これらの国が日本を攻撃してくるかもしれないと、ことさらに脅威論を振りまきます。ですが、もっと〝現実的に考える〟ことが必要ではないでしょうか。

〝現実的に考える〟とは、本当に中国や北朝鮮が、日本が何もしていないのに攻撃してく

る「蓋然性《がいぜんせい》」があるかどうかを検討することです。

蓋然性とは、ある事柄が起こる確実性や、ある事柄が真実として認められる確実性の度合い、確からしさのことです。ここで私が突然、「憲法九条を改定して日本も軍隊を持つべきだ」と書き始める可能性はありますが、蓋然性はありません。私が講義中に教壇の上で突然、逆立ちをする可能性はありますが、蓋然性はありません（これは、蓋然性を説明するのに夏目漱石があげた例といわれています）。

もちろん、中国や北朝鮮が攻めてくる可能性はゼロではありません。しかし、それをいうなら、アメリカだって日本に攻撃をしかけてくる可能性はゼロではありません。そんなことを言い出したらきりがありません。可能性（possibility）ではなく蓋然性（probability）があるかどうかが、問題なのです。

突出した軍事的脅威であるアメリカに対して、攻撃される可能性があるからといって、日本が対抗できるだけの軍事力を備えようとするでしょうか。そういうことはありませんね。日本が想定しているのは、せいぜい中国や北朝鮮を仮想敵国とした備えにすぎないと思われます。それでは、可能性に対して万全の備えをしようとしているとはいえません。

アメリカを仮想敵国としての軍事的備えを訴えない理由は、アメリカから攻められる蓋然性がないと判断しているからにほかなりません。また、そんな蓋然性のないことに予算と労力を使うくらいなら、もっと国内の年金や医療などの福祉の充実、失業者対策、少子化対策、自然災害対策、環境問題など私たちが政治にやってほしいと考えていることが山ほどあるからです（こうして政治的な判断は、蓋然性と優先順位によって行われます）。

政治は、現実的な世界です。あらゆる政策はそれを行うメリットとデメリットを比較し、優先順位をつけながら行われます。可能性はあるが、蓋然性がほとんどない脅威に対して万全の備えをすることに伴うデメリットを、冷静に考えなければなりません。

中国や北朝鮮が攻めてくる蓋然性がどれほどあるのか。これらを、しっかりと具体的に考えなければいけないのです。

■蓋然性の有無を検証

まず歴史的な事実を確認しておきましょう。近代史において、中国や朝鮮が日本を侵略しようとした事実はありません。逆に、日本は豊臣秀吉の朝鮮出兵のあとしばらく静かにしていましたが、明治政府になってからは一八七四年の台湾出兵以来、一八七五年江華島事件、一八九四年日清戦争、一八九五年台湾植民地戦争、一九〇〇年義和団鎮圧戦争、一九〇四年日露戦争、一九一〇年韓国併合、一九一四年第一次世界大戦、一九三一年満州事変、一九三二年平頂山事件、一九三七年南京攻略、一九四一年太平洋戦争開始と立て続けに、なんと七一年間、間断なく領土拡張のための隣国への軍事介入を繰り返してきました。

このように、歴史を客観的に振り返ってみると、中国や朝鮮半島の国が日本に攻め込んでくる蓋然性がどれほどあるというのでしょうか。そして、こうした国が日本に攻めてくると考える根拠はどこにあるのでしょうか。冷静に検証してみる必要があると思います。

▼領土問題や海底ガス油田問題での摩擦が〝日本が攻撃される根拠〟か

どこの国であっても、自国の利益を厳しく主張するのは当然のことです。こんなことで驚いたり脅威に思うのは、本来の外交の厳しさを忘れているからにほかなりません。外交は国益のぶつかり合いですから、厳しい主張を出し合うものなのです。

そのうえ、中国ではエネルギー問題は深刻ですから、エネルギーに関しての主張が厳しくなるのは当たり前のことです。しかし、それが日本を軍事的に攻撃する根拠にはなりません。たかが（あえて「たかが」といいますが）ガス油田の権益を守るために、外国からの投資熱を一気に冷ましてしまうような、最大の貿易相手国との関係を断つことになるような、せっかく勝ちとったオリンピックや万博を台無しにするような、日本への軍事的攻撃をして、自国の主張を通そうと中国首脳が考える蓋然性がどれほどあるでしょうか。

領土問題はどうでしょう。竹島、尖閣《せんかく》諸島も不安材料かもしれませんが、今やこうした問題を軍事力で解決するという時代ではありません。なぜなら、代償があまりにも大きすぎるからです。日本とロシアの間には、北方領土問題という重大な課題が残っています。ですが、これを軍事力によって解決しようと考える日本の政治家がいるでしょうか。万が一、日本が軍事力によって北方領土を奪還しようとしたら、国際社会がどのような反応をするか、誰にでもわかることだと思います。これと同じようなことを国際社会から孤立してまで、中国や韓国が行う蓋然性があるとはとても思えません。

▼領海侵犯事件の発生が〝日本が攻撃される根拠〟か

領海・領空侵犯は許されることではありません。きちんと抗議をし、毅然とした態度で批判すべきことがらです。ですが、それ以上でもそれ以下でもありません。

世界の中には、なんらかの目的のために、軍事的に威嚇する国もあるでしょう。ですが、仮にそうなら、どうだというのでしょうか。そんなものは、こちらが脅威と考えなければいいだけです。こちらが騒ぐから脅す側は効果があると考えてしまうのです。

被害者が動じないことがわかっていれば、脅迫などの割に合わない犯罪をする人はいません。

▼近隣諸国の軍備増強が〝日本が攻撃される根拠〟か

確かに軍事的ハード面における増強は、軍事的な脅威になりえます。しかし、ハード面における脅威だけでは、日本が攻められる根拠にはなりえません。

なぜならば、世界一の軍事的脅威はどこかを考えてみてください。アメリカは、世界の軍事費のほぼ半分を一国で占めている軍事超大国です。中国どころかEUの国々や日本が束になってかかっても、アメリカにはかないません。また、アメリカは戦後六〇年間に、なんと二〇カ国に軍事介入をしています。いわば、常に戦争をしている国です。それなのに、アメリカが日本を攻撃してくると不安を感じている人は、それほど多くはいないようです。

「日本は日米安保条約があるから安心なんだよ」という人がいるかもしれません。日米安保という軍事同盟を結んでいれば、本当に安心なのでしょうか。かつて日本はイギリスと日英同盟という軍事同盟を結んでいましたが、結局、イギリスを敵に回して戦争しました。軍事同盟などあっても、信頼関係が破壊されてしまったら役に立ちません。

つまり、軍事同盟があるから安心なのではなくて、軍事同盟を維持できるだけの信頼関係があるから安心なのです。この因果関係を逆転させてはいけません。これを裏からいえば、軍事的脅威があるから不安なのではなくて、信頼関係がないから不安なだけなのです。アメリカが日本を軍事的に攻撃するほどには信頼関係が崩れていないし、アメリカが日本を攻撃するメリットがあるとは思えないから、アメリカが攻めてくるという不安を（現在の）日本は持っていないのです。

軍事的脅威がそのまま、攻撃される不安感につながっているのではないことをしっかりと理解しましょう。信頼関係を崩すことが、何よりも私たちの不安の原因となっているのです。

だからこそ、私がここでいいたいのは、日本が正規の軍隊を持つことで、アジア諸国との信頼関係を崩してはならないということです。それは、他国に攻撃の口実を与えることにつながっていきます。

隣人にナイフで脅されて強盗されて、それ以後も隣人はまだ隣に住んでいる。しばらくはおとなしくしていたのに、再びナイフを集め始め、今度はピストルまで持ち始めたとしたらどうでしょうか。はっきりとした謝罪もなく、少なくとも被害者の側は納得できる謝罪を受けたとは思っていない時期に、「いやもう十分に謝ったのだから怖がる必要はないでしょう」といって、物騒な隣人が武器を準備し始めたら、その被害者はどう思うでしょうか。隣人としての信頼関係はよくなるのでしょうか。

被害者と加害者とでは客観的な立場の違いのみならず、感情や思いは大きく違います。どうしたら隣人とよりよい信頼関係が築けるか、加害者の側がより慎重に真剣に考えていかなければならないのは当然のことだと思われます。

もちろん、加害者の側が「自分は加害者なんかじゃない、懲《こ》らしめてやっただけだ」「強盗された側も、それによって家の安全対策が進んだのだから、強盗の被害にあったことも実はよかったんじゃないか」などといっているようでは、そもそも話になりません。相手の立場に立って考えることは、あらゆる問題に対処する際の基本だと思われます。イマジネーションの力を発揮することが重要です。

「飲み屋で負けない」憲法論議・ミニ知識Q&A

Q 私たちは強盗に襲われないように家に鍵をかけます。国を守るために軍隊を持って防衛することも、それと同じなのではありませんか？

A いわゆる「戸締まり論」というのが、この主張です。これは、確かにわかりやすい主張です。バリエーションとして、「自分が強盗しないと一方的に宣言したからといって、強盗の被害にあわないとは限らない」というものもあります。

もちろん強盗から身を守るために、私たちは家の戸締まりをします。

日本という国だって、誰でも入ってきていい、攻めてもらっていいと、鍵をかけずに開け放しているわけではありません。今でもきちんと、国家としての戸締まりはしています。入国審査はありますし、警察も海上保安庁も、そして自衛隊もあります。「それでは弱すぎる。しっかりと軍隊を持たなければ戸締まりしたことにはならない」という意見かもしれません。ですが、それは「鍵一つだけでは不安だから、もっと鍵の数を増やそう」ということにはなりません。「鍵だけでは不安だから、家の中にピストルを用意しておけ、暴力団を雇っておけ」といっているのです。しかし、強盗に備えて、自宅にピストルを用意したり暴力団を住み込ませているような人は、ふつういないと思います。

私は、この比喩《ひゆ》は意味がないと考えています。戸締まりを軍隊による防衛と置き換えていますが、それは、まったく性質の違うものと置き換えているだけです。感覚としてはわかりやすいものですが、論理的ではありません。

あえて戸締まり論に乗って反論するなら、私たちは自分の家の鍵を閉めるだけではなく、近所で声をかけ合って地域ぐるみで防犯活動をすることがありますし、それはもっとも有効な手段だといわれています。これが集団安全保障です。強盗から自分の家を守る方法は、いざというときのために家に武器を用意しておくことだけではないのです。

アメリカでは自衛のために武器を持つことが許されていますが、そのため銃による事故があとを絶ちません。

強盗から家を守る方法にもいろいろあるのであって、何も銃を用意しておくことは論理必然ではありません。そのメリット、デメリットをしっかりと考えなければいけないと思います。

この戸締まり論は、一九五〇年代に保守派の政治家がさかんに主張し、芦田均は再軍備促進大会といういさましい大会で「家の外に強盗が横行している以上、戸締りをするのは常識であります」と述べていたそうです。当時もこれに対する批判の論文も発表されています。詳しくは『「世界」憲法論文選』(岩波書店刊)収録の山川均の論文「非武装中立は不可能か」(「世界」一九五二年七月号)を参照してください。

当時の脅威は、ソ連に侵略されるということでした。本当に同じことを繰り返し議論しているのだなあとつくづく思います。議論しつくされたことをまた思い出したように蒸し返しては、前の議論を知らなかった若い世代が、それを新鮮に感じて繰り返すのです。「歴史は繰り返す」は、ここでも真理です。

私たちは、過去の教訓からさまざまなことを学ぶことができるはずです。なぜ日本は戦争をしてしまったのか。被害者にも加害者にもなってしまったのか。そして戦後六〇年、なぜ日本は戦争をしないですんだのか。安保条約のおかげか、それとも九条があるからか。

そうしたことの検証も含めて、私たちが過去から学ばなければならないことは、まだまだたくさんありそうです。

日本国憲法は、人類の過去の教訓から得られた英知を結集し、そして多くの犠牲の結果得られた日本の過去の教訓をふまえて生まれたものだということを、再認識するべきだと思っています。

＊

Q 現在の憲法は、戦後**ＧＨＱ**に押しつけられたもので、日本国民が自ら作ったものではない。だから新しい憲法を作るべきだといいますが……、そうなのですか？

A 日本の憲法は、「押しつけ」であるという人がいまだにいます。しかし、それは、憲法学の世界ではかなり以前に克服された話です。もともと憲法は、国家権力を担っている政治家などを拘束するために、彼ら、つまり権力者に国民が押しつけたものです。よって、権力者は常に押しつけられたと感じるのです。一方、国民は、この憲法ができたことによって、封建制や身分制など理不尽な人権侵害から解放されました。押しつけと感じるか、解放されたと感じるかは、その人の立場によって違うだけなのです。

憲法の制定過程を少し振り返ってみましょう。

日本は一九四五年八月一四日に、ポツダム宣言という休戦条約を受諾したことにより、それまでの天皇主権に基づく軍国主義国家ではなく、民主的な国家に変貌《へんぼう》する国際法上の義務を負いました。憲法も、天皇主権に基づく明治憲法のままにしておくことはできませんでした。

そこで日本政府は、新憲法を作成するために、一九四五年一〇月に松本烝治国務大臣(商法学者)を長とする憲法問題調査委員会(いわゆる松本委員会)を発足させます。松本委員長は、天皇に統治権が集中する明治憲法の根本は変えない方針をとりました。これが毎日新聞のスクープによりGHQ(連合軍総司令部)の知るところとなり、その保守的な内容に驚いたGHQは「もう日本政府には任せておけない」と、独自の憲法草案を作成することにしました。GHQの総司令官マッカーサーは、草案の中に三つの原則を入れるように幕僚に命じました。

①　天皇制は残すが、その職務および権能は、憲法に基づいて行使されること

②　戦争は一切放棄すること

③　封建制を廃止すること

この三つです。戦争放棄の条項は、当時の幣原《しではら》喜重郎《きじゅうろう》総理大臣の発案をマッカーサーが取り入れたものであるといわれています。

ＧＨＱの民政局の二五名はたった九日間で草案を作り上げました。彼らは世界の憲法を参考にするだけでなく、植木枝盛（明治時代の自由民権運動家）の研究者だった、憲法学者・鈴木安蔵などが結成した憲法研究会の、憲法草案要綱を手本にしたことがわかっています。

その後、ＧＨＱ案をもとに作られた草案が日本の議会で審議されます。そこで生存権の規定（二五条）や、国家賠償（一七条）や刑事補償（四〇条）など、いろいろな条文が新たに入りました。もともとマッカーサー草案では国会は一院制だったものが二院制にもなりました。こうしたさまざまな修正を含めて審議し、討論され、議決して、日本国憲法は

作り上げられました。

憲法に限らず、法案というものは、誰が案を出したのかは重要ではありません。それを審議、議決したのが誰なのかが重要なのです。たとえば、今、国会が作っている法律の大多数は内閣提出法案です。議員立法、つまり国会議員が自分で案まで作って出してくる法案は多くはありません。大半は政府、官僚が法案を作り、国会に提案し、国会で審議し、国会で議決して法律にします。

法案を作ったのが役人だからといって、この法案が無効だという人は誰一人としていません。審議、議決さえすれば、それは国会が作った法律になります。憲法も同じことです。誰が案を出してきたのかは本質的なことでなく、それを審議し議決したのが日本国民である以上、日本の国民が作った憲法です。押しつけ憲法でもマッカーサーが作った憲法でもありません。制定後六〇年間、国民が憲法として受け入れてきた事実は、さらにこの憲法の正当性を根拠づけるものです。

そもそも当時、押しつけ憲法という概念はありませんでした。押しつけ憲法という言葉がはじめて出てきたのは、一九五四年の自由党の憲法調査会のときです。そこで、明治憲法の体制を維持したかった松本烝治が感情的に押しつけられたと発言し、それが押しつけ憲法という決まり言葉として政治的に利用されてきただけのことです。

＊

Q 今の憲法の公布は一九四六年です。もう六〇年以上も経っていて、古くなったんじゃないの？　外国では憲法を頻繁に改正しているんでしょ？　だったら日本も改正してもいいじゃないかと思います。

A 日本国憲法は、二〇〇七年五月三日で施行六〇年になりました。これまで一度も改正されていません。「もう六〇年も経ったのだから古くなった、時代に合わせて変えるべきだ」という人がいます。そういう人たちは世界の憲法の歴史を知っているのでしょうか。日本国憲法は、フランスやイギリス、アメリカなどと同じく自由や平等に価値をおき、同じ近代立憲主義の系譜に属するものです。では、こうした国々における憲法の歴史はどのようなものでしょうか。

フランスでは、一七八九年の人権宣言がいまだに現在の憲法の人権条項の役割を果たしています。イギリスでは、一二一五年のマグナカルタがいまだに憲法の一部として通用しています。こうした国々では憲法の基本部分には一切、手をつけていません。そもそも古くなったから変えようという発想自体がないのです。

アメリカの憲法は一七八八年に制定されましたが、いまだに社会権（国民が社会で働いて、人間らしく生き、文化的な生活をいとなむための権利）条項はありません。男女平等の条文すらありません。しかし、それを理由に改正しろという議論はまったくありません。アメリカでももちろん男女平等ということになっています。こうしたことは解釈で、いくらでも対応できるので改正する必要がないのです。

六〇年たったことが、改正の理由にならないことは明らかです。もし日本がたった六〇年で「古くなったから改正するんだ」と本気で言い出したら、世界から笑い者になるだけです。

では、こうした古くからの歴史を持った諸外国の憲法の改正の頻度はどうでしょうか。

よく「外国では頻繁に改正しているから、日本も改正するべきだ」という人もいます。ですが、改正の頻度はその国の事情によってまったく異なります。「外国では離婚が多いらしい、日本でももっと離婚するべきだ」という人はいませんよね。これと同じように改憲の頻度を外国と比べること自体が間違っています。どんな制度もそうですが、制度はそれぞれの国や国民の実情と事情に合わせて運用されます。憲法改正も例外ではありません。

外国では、改憲の必要があったから変えたのです。日本では、これまで改憲の必要性を国民が感じなかったから変えていない。ただそれだけのことです。

ちなみにドイツでは五〇回以上憲法を改正しています。それはドイツの二大政党（ＣＤＵ、ＳＰＤ）と国民が改憲が必要だと判断したからです。とはいっても、ドイツでも人間の尊厳や憲法に対する忠誠などのドイツ憲法の基本原則には一切手をつけていません。

戦争も革命もない平時に、憲法の基本原則を変えた国は世界にありません。

Ⅱ　日本国憲法がめざす平和主義

■私と日本国憲法の出会い

私は、多感な中学生のときにドイツに住んでいました。そのころ、欧米においては日本人のことを「エコノミックアニマル」といって、バカにする風潮があり、ドイツにいた私もそれを感じとっていました。経済で世界と戦える力をつけていこうと一生懸命に働き努力している日本人が、なぜそのようにバカにされるのか？　子供心にとても悔しかった思い出があります。

外地で外国人としての悲哀を味わい、日本がバカにされることが耐えられず、もっと日本のいいところを知ってもらいたいと思うようになり、私は「愛国者」になっていきました。

日本に帰国してからは、日本の歴史を学び日本の伝統文化に惹かれていきました。高校時代は弓道部に入り、毎日着物を着て袴《はかま》をはき、神棚に柏手《かしわで》を打ってから弓を引いていたのです。主将を務めるほど熱中していました。そして将来は、日本のために働こうと、そのためには外交官の道を進もうと、大学は法学部を選びました。日本のいいところをもっと外国に知ってもらいたいし、「日本人としての誇り」を持ちたいとずっと考えていました。国家のあり方も、当時から私の中では大きなテーマでした。

私は漠然と「日本もアメリカのように軍隊を持って自分の国を守ることが望ましい。そのためには憲法改正も必要だろう」と考えていたのですが、やがてそれでは外国の真似や追随でしかないことに気づきました。もっと日本独自のあり方はないのか、と考えていたときに、日本国憲法の三原則の一つ、平和主義に遭遇しました。

「一切の戦争を放棄する」という憲法九条を中心とした規定は、世界的にみてもきわめて珍しいものです。他にはどこにもないということが、何か誇らしげに思えたのです。

それに日本は、聖徳太子以来、「和」を尊重する国柄です。この和を基調にした日本国憲法はとても日本的であり、独自性があると考えるようになったのです。

憲法の本質も知らないときですから、今から思えばずいぶんと幼稚な発想ですが、「日本の誇りをどこに見いだすのか」を真剣に探していた私にとって、「これだ！」という発見であり、思わず飛びつきました。西欧人が持っていない理念を主張していくことこそが、日本人のアイデンティティであり、世界に訴えていく最良の手段だと思えてきたのです。それが私にとっての憲法であり、私が「積極的非暴力平和主義」と呼ぶものだったのです。ですから私にとっての日本国憲法、そして九条は、決して押しつけではなかったのです。

■あらためて九条について

ここで、あらためて九条について書いておきたいと思います。

第九条 日本国民は、正義と秩序を基調とする国際平和を誠実に希求し、国権の発動たる戦争と、武力による威嚇又は武力の行使は、国際紛争を解決する手段としては、永久にこれを放棄する。

2 前項の目的を達するため、陸海空軍その他の戦力は、これを保持しない。国の交戦権は、これを認めない。

九条一項では、戦争を放棄しています。「国権の発動たる戦争」とは、宣戦布告によって始まる通常の戦争を指しています。「武力による威嚇」とは、武力を背景にして自国の主張を相手国に強要することです。「大量破壊兵器の査察を受け入れろ、さもなければ軍事行動に出るぞ」というのは、まさに武力による威嚇の典型です。「武力の行使」とは、宣戦布告なしに行われる事実上の戦争で、満州事変のようなものです。一項は、これらを永久に放棄するとなっていますが、そこには「国際紛争を解決する手段としては」という条件がつきます。これは憲法学の通説では、「侵略の手段」と読むことになっています。つまり、一項では侵略戦争を放棄しただけなのです。

しかし、侵略戦争の放棄というだけでは、この九条の独自性はありません。侵略戦争の放棄を含めて、なんらかの平和条項を持っている国は世界で一二〇カ国以上あります。フランス革命直後にできたフランス最初の一七九一年憲法にすら、侵略戦争放棄の条項はありました。別に目新しいことでもなんでもありません。

日本の憲法の特長は、「陸海空軍その他の戦力は、これを保持しない。国の交戦権はこれを認めない」とする二項によって、自衛戦争を含めた一切の戦争を放棄したことにあります。戦力を持たないから、たとえ自衛のためであっても戦争は一切しません、戦争する権限も国に認めません、ということです。日本の憲法の本質は、九条の二項にあるのです。

軍隊を一切持たないことを宣言しているのは、先進国では日本ぐらいのものです。これはある意味で非常識かもしれません。しかし、非常識を百も承知の上で、あえてこうした規定を置いたのです。

軍事力によって国民を守ることはできないと、日本は六〇年前に気がついたのです。軍隊を持つことは、攻撃の口実を与えてしまうから、かえって危険だと考えたのです。三〇〇万人の自国民の命を失い、また、二〇〇〇万人を超えるアジアの人々を殺し、加害者にも被害者にもなって、〝武力によって国民を守れると考える〟ことこそ非現実的だ、と確信したのです。真の安全保障と危機管理は、危機を避けること、つまり攻撃されない国を作る、攻められない国を作ることにあり、それがもっとも現実的な国防のあり方だと気づいたのです。これは、すごいことです。

■積極的非暴力平和主義

軍隊を持たないからといって、日本国憲法は、自分の国、一国だけが平和であればよいという考え（いわゆる「一国平和主義」）でいるわけではありません。憲法の理念は、これとは対極の考えをとっていると思います。私はこれを「積極的非暴力平和主義」と呼んでいます。

軍隊を持たない日本が、攻められない国になるためにはどうしたらいいか、を考えたとき、憲法は、信頼関係を構築することと、世界の紛争の火種をなくすために日本が貢献することが大切だとしました。

紛争が起こったあとに軍事介入してそれを解決しようとする対症療法ではなく、紛争の原因をなくすための協力をするという、いわば根本治療を国際貢献の中核にしようとしたのです。

貧困、食糧不足、疾病、教育問題など事情はさまざまですが、世界中の紛争には必ず原因があります。そうした紛争地域に、丸腰で積極的に出かけて行き、現地の人と一緒になって学校を建てたり、作物を植えたり、医療の支援をしたり、仲裁のために尽力したりすることによって日本は、本当に信頼されるようになります。

こうして日本への信頼を勝ちとって、攻められない国を作る。これが憲法の示している「積極的非暴力平和主義」です。積極的に非暴力の形で世界に出かけていき、さまざまな非軍事の貢献をし、信頼を得て、この国を守っていく。世界が平和になり、世界の紛争がなくなっていくことが、この国の平和と安全につながるという考え方なのです。

■自民党新憲法草案の九条について

二〇〇五年に、自民党は新憲法草案を発表しました。自民党は九条をどう変えようと考えているのでしょうか？

まず、九条が規定されている第二章をみると、章のタイトルが大きく変わっています。今の憲法では第二章は「戦争の放棄」となっていますが、自民党案では「安全保障」という章立てに変わり、「戦争の放棄」という言葉が消えてなくなります。

そして、今の憲法九条の一項は、そのままです。おそらく改憲派の政治家たちは、「国民のみなさん、憲法の平和主義は維持しますから安心してください。ちゃんと九条一項は手をつけずにそのまま残していますよ。日本が戦争する国になるなんて大きな誤解ですよ」と声高にいうに違いありません。

ですが、先に述べたように九条一項のみでは、侵略戦争を放棄しただけになってしまいます。九条二項があってはじめて、一切の戦争が放棄されるのです。自民党の新憲法草案では、この九条二項が削られていますから、侵略戦争以外の名目なら戦争ができる国になることを意味しています。〝国防のための戦争〟、〝民主化のための戦争〟、〝正義のための戦争〟は許されてしまうわけです。

この点、「現在の自衛隊を自衛軍と呼び変えるだけで、実態は変わらないのではないか」という人がいるかもしれません。しかし、それは違います。政府のこれまでの解釈では、

●憲法九条二項の「戦力の不保持」と「交戦権の否定」によって、自衛戦争はできない

●しかし自衛権があるので、自衛のための必要最小限の実力部隊を持つことはできる。それが自衛隊であり、自衛隊は戦力ではないので合憲である

●たとえ武力行使をしたとしても、それは自衛権の行使であって、交戦権の行使ではない

ので許される

と説明してきました。

つまり、これまでの政府の見解によれば、現在の九条二項の下でも自衛のための必要最小限の実力を行使することはできるわけです。それなのに新憲法草案で、この二項を削除しなければならないのは、こうした〝自衛のための必要最小限〟を超える行動をする必要性があると考えるからにほかなりません。専守防衛を旨とする自衛隊と、九条二項を削除した後にできる自衛軍では、まったくその役割が異なることを理解しておかなければなりません。

新憲法草案では、九条二項が削除された代わりに、次のように「自衛軍」という軍隊を創設しています。

自民党新憲法草案――九条の二（自衛軍）　我が国の平和と独立並びに国及び国民の安全を確保するため、内閣総理大臣を最高指揮権者とする自衛軍を保持する。

2　自衛軍は、前項の規定による任務を遂行するための活動を行うにつき、法律の定めるところにより、国会の承認その他の統制に服する。
3　自衛軍は、第一項の規定による任務を遂行するための活動のほか、法律の定めるところにより、国際社会の平和と安全を確保するために国際的に協調して行われる活動及び緊急事態における公の秩序を維持し、又は国民の生命若しくは自由を守るための活動を行うことができる。
4　前二項に定めるもののほか、自衛軍の組織及び統制に関する事項は、法律で定める。

自衛軍の創設は、単に戦力不保持規定を削除して自衛隊を自衛軍に格上げしただけでは終わっていません。まず、九条の二第一項（草案）によって総理大臣を最高指揮権者としています。そして、信教の自由を保障した二〇条を変更することなどによって、社会的儀礼、又は習俗的行為の範囲内なら国家の宗教的活動も許されるとして、戦争に不可避の戦死を美化するお膳立てをしています。さらに七二条の変更によって総理大臣が閣議決定を経ずに直接、行政各部を指揮監督できるとして、その権限を強化しました。

この自衛軍の創設、靖国神社的なものの復活、総理大臣の権限強化、という三位一体の構造で、戦争へのハードルを限りなく低くしています。将来に向かっての積極的非暴力平和主義の展望をも奪ってしまう内容になっています。

■自民党の考える自衛軍

九条の二第一項（草案）には、自衛軍の目的が書かれています。そこにはまず「我が国の平和と独立」とあって、最後に「国民の安全」がきます。条文に書かれる事柄の順序はそのまま立法者が考える価値の序列を表します。「国民の安全」が、最後に申し訳程度につけ足されているわけです。そもそも軍隊は国民を守るものではありませんから、最後に「国民の安全」を書いてくれただけでも、まだましなのかもしれません。

九条の二第二項（草案）には「自衛軍は、前項の規定による任務を遂行するための活動を行うにつき、法律の定めるところにより、国会の承認その他の統制に服する」とあります。つまり文民統制を規定しているのですが、ここでは国会の承認が不可欠となっていません。その他の統制でもよいことになっています。文民統制は骨抜きです。

九条の二第三項（草案）には、自衛軍の活動が三つ規定されています。

一つめは、「第一項の規定による任務」――我が国の平和と独立並びに国及び国民の安全の確保です。つまり、自衛のための戦争を行うということです。

二つめとして、自衛軍の海外での活動が規定されています。国連軍への参加や集団的自衛権の行使です。日本の自衛軍という軍隊に、外国でどういう活動をさせるかが書いてあるのですが、条文をみてわかるように「法律の定めるところにより」と「法律」に丸投げをしています。「何をしてよくて、何をしてはいけないのか」、憲法には何も書いてありません。そもそも「法律」においてやってはいけないこと、決めてはいけないことを規定するのが憲法の役割です。それを法律に「どうぞ決めてください」と丸投げしたのでは、憲法の役割の放棄になります。

「法律の定めるところにより」が意味することは、そのときどきの政権与党の多数派が決めるということです。今の情勢でいえば、自民党と公明党だけで決められるのです。日本の軍隊を外国に出し、イラクやアフガニスタンでアメリカと一緒に軍事行動をとることができるかどうかは、「自民党と公明党だけで決めていいですよ」といっていることになります。いくら民主党や共産党や社民党が反対しようが、その時代の多数派による強行採決で決められてしまうということが書かれているのです。なんの歯止めにもなっていません。

三つめは、「緊急事態における公の秩序を維持し、又は国民の生命若しくは自由を守るための活動を行うことができる」です。もし国内で暴動などが起こったら、自衛軍がその鎮圧に当たるというのです。何をもって公の秩序とするのかがはっきりしませんが、とにかく公の秩序を維持するためには、国民に対し軍の銃口が向けられるということです。そして、こうした活動には国会の承認はおろか、なんの統制も憲法上は要求されていません（「国会の承認その他の統制」は、第二項で、第一項の活動に対してのみ要求されています）。

こんな九条にされてしまうことに、賛成か反対か、私たちは具体的に考えていかなければなりません。

■世界の非常識である九条の存在意義

日本国憲法は、「個人の尊重」を最高価値とする立憲主義に基づきます。この点が西欧近代憲法の正統派の流れをくんでいるところだと、前述しました。これは、いわば本流です。人類の英知を引き継いでいるといってもいいでしょう。それに加えて、日本国憲法の前文と九条の積極的非暴力平和主義は日本の英知だと、私は思っています。軍事力によらないで国を守り、軍事力によらない国際貢献をする。これは画期的なことです。

憲法になんらかの平和条項を持つ国は、世界で一二〇カ国以上に及びます。もはや侵略戦争をしないとか、平和をめざすというのは特別なことではありません。しかし、「一切軍隊を持たない」と宣言している先進国はありません。先ほどもいいましたが、ある意味では、これは世界の非常識です。

なぜ、戦争と軍隊を放棄する国が世界中で日本以外に現れないのでしょうか。それは、実現が大変に困難だからです。軍事力によらずに自分の国を守り、軍事力によらない国際貢献に徹することなど、やりたくてもそうそうはできません。

日本でこのような非常識を実現できたのは、太平洋戦争という犠牲があってのことでした。きわめて困難なことは、多くの犠牲の下で成し遂げられたのです。それを簡単に投げ捨ててしまうのは、それこそ戦争で亡くなった多くの方たちに申し訳ない、と私は思います。

今世界は、アメリカの帝国主義支配とイスラム世界の戦い、中国やロシア、そしてインドの台頭とそれに対する反発など、まだまだ激動の時代が続いています。しかし、日本がこういった対立の一方の側について参戦することは、まったく無意味だと思います。

意味のないゲームには参加せずに、中立を保ちながら、ときにゲームそのものから離れ、ときに仲裁をかって出る。そして無意味なゲームそのものをやめさせる——それが日本のするべき外交であり、国際貢献のあり方ではないでしょうか。

軍縮や非暴力による国際貢献を進めるという国家の方向性を指し示すものとして、十分に九条は存在意義があると考えます。外交オプションとして九条を残しておくことは、日本の外交の幅を広げます。

軍事力を背景にしなければ外交力がなくなる、という人もいますが、その考えはまったく逆です。むしろ、軍隊を持ち「普通の国」になってしまって、アメリカと同一視されてしまうことのほうが、多面的な外交をするには不利になります。要は、九条も使い方次第だということです。

私は、積極的非暴力平和主義を理念とする日本ができる国際貢献は、無数にあると考えています。世界には、ノーベル平和賞を受賞したＩＡＥＡ（国際原子力機関）など、軍縮に向かうための多くの組織があります。国際社会は、大量破壊兵器をなくし、軍縮を進め、対話による紛争解決を尊重しようとしています。アメリカだけが国際社会ではないのです。世界に存在する二万七〇〇〇発の核兵器は、奴隷制や人身売買と同じく世界からなくしていくべきものです。そうした世界の潮流に、日本は大きな貢献をすることができます。

■九条と日本の国際貢献

これまで日本は、そうした九条や前文の理念に合致した国際貢献を国レベルでしてきたでしょうか。残念ながら、その反対です。

たとえば、国連で核兵器禁止に賛成することはできたはずですが、そうした当然のことをこの国はしてきませんでした（日本の国連政策については、愛知大学の河辺一郎教授の『国連と日本』〈岩波新書〉がとても参考になります）。核兵器を非合法とする決議に、日本はほとんど反対か棄権ばかりです。たとえば、一九九〇年に南大西洋を非核化する国連決議に一五〇カ国が賛成したのに、反対が一カ国、棄権が一カ国ありました。アメリカが反対し、日本が棄権したのです（この決議に日本は八六年から五年連続棄権）。九六年には、核兵器の違法性について国際司法裁判所が勧告的意見を出した際にも、日本は「核兵器は違法」と表明しませんでした。このように日本は、アメリカに次いで核兵器を合法だと主張している国、ともいえるです。

ですが、それは憲法のせいではありません。こうした外交姿勢が、憲法九条を変えることで改まるとはとても思えません。私は、改めるべきは、憲法ではなく、こうした外交政策からだろうと思うのです。

これまでの日本の国レベルでの国際貢献が、本当の意味での国際貢献になっていたのか疑問を抱くものも多いのですが、一方で民間レベルではさまざまな活動がなされてきました。多くの民間人やNGOの活動が日本の国際的な評価を高めてきた事実は軽視できません。そして憲法九条の存在がそうした活動の下支えになってきた事実も、また見逃すことはできません。

たとえば、中村哲さんはアフガニスタンで長年、医師として医療活動や灌漑用水の建設など地域住民にとって本当に必要とされる貢献をしてこられました。その中村さんが、小泉政権のイラク派兵によって日本のイメージが大きく変わったことについて次のように述べています。

「中東、少なくともアフガニスタンでは、反日感情が急速に芽生えていると言えますね。これは『国際貢献』のひとつの答えじゃないでしょうか」

「『平和国家日本』という美しいイメージ——まあ、これも誤解ですけれども、（中略）実際アフガニスタンのどんな山奥に行っても、日本人であるがために命拾いしたり、仕事がうまくいったりとかいうことは、たっくさんあったんです。ところがそれが180度変わって、日本人であるがために襲撃の対象になりつつある。アフガニスタンではもう答えははっきり出てます。これが国際貢献ならやめたほうがいいと私は思いますね」

「日本がやるべきことは、『国際貢献』という言葉のマジックではなく、まず『武力行使をしない』ことをさらに明確に表明する。そして実際にそれを政策として打ち出すべきだと思います」（「SIGHT」ロッキング・オン・ジャパン二〇〇七年一月増刊号　ロッキング・オン刊）

私も、今まさに九条の理念をいかに具体化するかが、国際社会では求められているのだと思います。
「理念としての九条」という言い方が気に入らない人に向けては、あえて、「たてまえとしての九条」は残しておくべきだ、という言い方をしたいと思います。西欧諸国もこれまで、自由や民主主義をたてまえとして使ってきました。人権という概念ですら、もともと貴族たちが自分たちの既得権を守ろうとして主張したものです。アメリカなどは、今でもイラク戦争などで真の目的を隠すために自由や民主化をたてまえとして使います。政治も私たちの生活も、常に本音とたてまえのせめぎ合いです。それが現実です。たてまえを捨てて、本音だけではうまくいきません。方便もたてまえも、ときに有効なのです。

■憲法前文も画期的。平和は個人の問題に

九条に加えて、日本国憲法の前文にも、ここで触れておきましょう。

われらは、全世界の国民が、ひとしく恐怖と欠乏から免かれ、平和のうちに生存する権利を有することを確認する。

前文のこの規定によって、日本国憲法は、戦争と平和の問題を国家の主権の問題としてではなく、人々の生存の問題、一人ひとりの人権の問題としてとらえたのです。

「恐怖と欠乏からの自由」は、一九四一年にアメリカのルーズベルト大統領が演説で語った、有名な四つの自由（言論と表現の自由、信仰の自由、欠乏からの自由、恐怖からの自由）に由来するものですが、平和を人権の問題としてとらえたのは、とても画期的なことです。平和を国の問題ではなく、個人の問題としてとらえたのです。

国連も冷戦終焉《しゅうえん》の後、一九九四年の人間開発報告書において、これまでの国家中心の安全保障から、人間中心の安全保障への転換を説きました。多くの人にとって「安全とは、病気や飢餓、失業、犯罪、社会の軋轢《あつれき》、政治的弾圧、環境災害などの脅威から守られることを意味する」として、これらへの対策の必要性を強調したのです。国を守ることはもちろん大切ですが、国を守っても、その中で生活している一人ひとりの人間が不幸せでは仕方がないのです。一人ひとりが飢餓や差別や貧困から解放されて、人間らしく生きられることが重要である、というのが「人間の安全保障」です。

日本は、国家の安全保障とともに「人間の安全保障」に対して大きな貢献をしてきました
し、これからもすることができると考えます。

紛争には、必ず原因があります。紛争が起こってから対処するのではなく、紛争の原因をなくすために最大の努力をしようとするのが、日本国憲法の立脚点です。飢餓、貧困、人権侵害、差別、環境破壊といった、世界の構造的暴力をなくすために積極的な役割を果たすのです。戦争は最大の環境破壊です。戦争をしないだけでも多大なる国際貢献といえるでしょう。現地の人と一緒になって井戸を掘り、学校を建て、病院を作って医療を提供し、感染症撲滅に尽力し、経済的自立のための支援をする。本当に求められている国際貢献は何かをしっかりと考えて、日本はそれを実行するべきなのです。

二一世紀の国際社会がめざす「恐怖と欠乏からの自由」に向けて、人間の安全保障の確立に努力することが、日本のアイデンティティであると考えます。そのために政府に任せるのではなく、私たち一人ひとりがどのような貢献ができるかを考えることが必要です。平和も国際貢献も政府任せでは実現しません。私たち個人の責任なのです。

■六〇年間日本が戦争をしなかった理由

戦後の日本は、九条があるから平和だったのだ。

そうではなくて、日米安保条約があるから平和だったのだ。

——この二つの主張のどちらが正しいのでしょうか。この判断は、かなりむずかしいことです。なぜなら、「仮に」ということが、歴史においては意味をなさないからです。歴史の流れは、「ある事実を取り除けばこうなる」と、簡単に因果関係が論証できるほど単純ではありません。

法律の世界では、因果関係を証明するには、「あれなければ、これなし」——ある事実を取り除いたら、結果が発生しなかった、という関係性（条件関係という）が最低限必要だとされます。彼がピストルを発射しなかったら（「あれなければ」）、被害者はその弾で死ななかったはずだ（「これなし」）という関係です。

ですが、歴史の事実は、このようにはいきません。もちろん、法律の世界でも実際はもっと複雑なのですが、現実の歴史は比較にならないほど複雑な要素が相互に関連して進んできます。ですから、日本は「九条があるから平和だった」のか、「日米安保があるから平和だったのか」、そう簡単には論証できないと思っています。沖縄には、日本における米軍基地の七五％が集中しており、〃今なお戦時下〃であるという現実もみなくてはなりません。

ただし、そこで唯一はっきりしているのは、九条があって、かつ安保条約があって、結果として現実に六〇年以上も日本人は戦地で殺されることも殺すこともなかったということです。九条のおかげか安保条約のおかげか、それとも両方のおかげか、誰にもわかりません。

ですが、それが証明されていない段階で、安易に「平和が続いたのは、九条のおかげではない」と結論を出して、九条をなくしたり、改定するといった取り返しのつかないことを招くのは避けるべきでしょう。

今、現実に具体的な不都合があるから、九条、安保条約のどちらかを変えるというのなら、理解できます。しかし、現在具体的な不都合を感じているのは、アメリカだけでしょう。日本は今、中国から攻められているわけでもないし、北朝鮮から攻められているわけでもないのです。「今そこに危機があるのだ。そんなことをいうなんて、平和ボケもはなはだしい」と叱られるかもしれませんが、その危機の中身を具体的に考えてみると、どうもあやしく思えてきます。

私は、現状を変える必要性を主張する側が、その必要性の立証責任を負っていると考えます。この原稿を書いている時点で、「今のままではどうしてもダメだ」という具体的な論拠に私はいまだ遭遇していません。どれも抽象的な理由ばかりです。

■戦争をしてこなかった現実に目を向けよう

九条改憲反対派は「理想ばかりだ」とか「現実が伴っていない」とか批判されます。でも現実には、憲法九条は存在していて、この国はまがりなりにも平和です。

日本は朝鮮戦争にもベトナム戦争にも直接的な人的な参加はしなくてすんだし、とりあえずアジアのバランスは保てているということは事実です。もちろん、中台問題、北朝鮮問題、竹島問題、海底ガス油田問題、北方領土問題などは、存在しています。それでも決定的な国家間の対立にはなっていません。この現実は何よりも強い、と思います。

私は九条のない国に、非暴力平和主義の憲法を作れといっているのではないのです。今この国には九条があり、これまで六〇年以上戦争がなかった――これは現実です。この現実に目を向けるべきではないでしょうか。九条は架空の条文ではなく、今ここに存在する憲法の条文なのです。ですから、九条の存在を守ろうとすることは、きわめて現実に即した考えだと思います。九条改憲賛成派の主張のほうが、仮定や憶測に基づいての主張にすぎず、具体性、現実性がないように私には思えるのです。

事は国防の問題です。失敗したら取り返しがつきません。政治家が国会で陳謝すればすむような問題ではないのです。それほど重要な問題について、憶測や可能性でリスクをおかすほど、私はお人好しにはなりたくありません。

またリスクをおかして挑戦するほどの高い理想に向けた憲法改正であるなら、考えてみる余地はあるでしょう。しかし、理想を捨てて、普通の国になろうというのですよ。そのような理想を下げるような提案に、リスクをおかしてまで乗るわけにはいかない、ということです。

現状がとりあえず機能しているのであれば、現状維持が最適の選択です。私たちの日々の生活はめまぐるしく変わり続けています。変化の時代だからこそ、変わらぬ価値を見抜くこともまた、時代に合った行動であると考えます。

「では、安保条約や自衛隊はどうするんだ？」といわれそうですね。私は、これらは九条を維持した上で、じっくり議論していけばいいことだと考えています。現在の改憲の是非を問う主題は、「今、九条を変えて正式な軍隊を持つ国になることに、どれだけのメリットがあるのか」という一点です。

戦後六〇年、戦争をしないできたという事実を崩し、軍隊を持つほうが安全だと本当に納得できるのか。それを立証することは大変にむずかしいと思われます。「米ソ冷戦が終わってテロとの闘いが始まったから」とか、「中国の台頭など国際社会が変わったんだから」という声はいかにももっともらしく聞こえますが、その変化がどうして、日本が軍隊を持ってアメリカと一緒に戦争をすることができる国にならなければならないことにつながるのか、私には、よくわかりません。

「軍隊を持っても、アメリカの言いなりにはならないよ」という主張が、いかに非現実的かは、これまで日本のやってきたことをみれば明らかです。アメリカとともに軍事行動をとり、テロの標的になるようなことをあえて行い、再軍備により中国や北朝鮮を刺激して緊張を高めることをあえて行う理由が、どうしても理解できないのです。

■軍隊を持つ「普通の国」になるということ

軍隊を持つ普通の国にはいつでもなれますが、積極的非暴力平和主義という特別の国にはそう簡単にはなれません。そのことを考えると、いつでもなれる普通の国への変更は、本当に慎重にしたほうがいいと思うのです。もう戻れないという覚悟の上で、変更しなければなりません。

日本がひとたび正式な軍隊を持てば、国防のため、国際貢献のためという名目で軍隊は拡大の一途をたどるでしょう。当然、年金、医療、少子化対策、地方の活性化、災害対策などにお金を回す余裕は、今以上になくなります。日本でも軍需産業との間に、アメリカ並みの利権構造が生まれるに違いありません。それは、現在の防衛施設庁の談合などの比ではありません。

武器の製造と輸出を原則自由としてしまったら、これも元に戻ることは不可能です。一気に死の商人の道を突き進み、日本の軍需産業はその高度な技術力をもって、世界の紛争をより悲惨なものにすることに多大な貢献をするでしょう。

いったん、軍需産業と利権構造がこの国を支配してしまったら、それをなくし、積極的非暴力平和主義に戻ることは、再び大きな戦争やテロに巻き込まれて、国民が痛い目にあうことでもなければ不可能です。

日本は先の戦争に負け、多大な犠牲をはらったことで、たまたまその希有なチャンスを与えられた幸運な国です。その幸運を自ら捨て去ることの愚かさを知るべきではないでしょうか。失ってからその大切さを知るのは、何も親や健康だけではありません。自由や平和を得るために、再びどれだけの犠牲が必要となるのでしょうか。元に戻す方法を知らないことは、やめておいたほうがいいと思います。

このことを考えるといつも、一九九二年、リオ・デ・ジャネイロの環境サミットで一二歳の少女が世界中を感動させた伝説のスピーチを思い出します。

「オゾン層《そう》にあいた穴《あな》をどうやってふさぐのか、あなたは知らないでしょう。死んだ川にどうやってサケを呼びもどすのか、あなたは知らないでしょう。絶滅した動物をどうやって生きかえらせるのか、あなたは知らないでしょう。そして、今や砂漠《さばく》となってしまった場所にどうやって森をよみがえらせるのか、あなたは知らないでしょう。どうやって直すのかわからないものを、こわしつづけるのはもうやめてください」(『あなたが世界を変える日』セヴァン・カリス＝スズキ　学陽書房刊)

積極的非暴力平和主義という考え方は一度捨ててしてしまったら、再び取り戻すことはきわめて困難です。捨てるのは、必死で維持する努力をしてみてからでも遅くはないと思います。

九条は非常識というより、私は先進性の証なのだと思います。一八世紀に奴隷制廃止を主張することが非常識だったように、今の世の中で核廃絶と武力放棄を主張することは非常識なのかもしれません。ですが、現在では非常識であっても、将来は世界の常識になるでしょう。

自信を持って、憲法九条を世界に広め、次の世代に引き渡していくことが、今を生きる私たちの責任ではないでしょうか。

「飲み屋で負けない」憲法論議・ミニ知識Q＆A

Q プライバシー権や、環境権などの「新しい人権」を保障する必要を感じます。そういう点では、現憲法を改正するべきではないでしょうか？

A プライバシー権や知る権利のような、憲法に明文規定のない人権のことを「新しい人権」といいます。確かに、現在の憲法にはこうした新しい人権を明文で保障した規定はないようにみえます。しかし、これらの人権はすべて現在の憲法でも保障されている、とするのが憲法学の通説です。

プライバシー権は一三条、環境権は一三条と二五条、知る権利は二一条でそれぞれ保障されていると解釈されています。被害者の人権も、内容に応じて現在の憲法で保障されています。これらの権利が保障されていないと国民が感じるとしたら、それは憲法のせいではなく、それを保障しようとしない政治の問題にすぎません。具体的な政治を変えずに、憲法を変えればすべてよくなると幻想を抱くべきではありません。改憲は魔法の杖ではないのです。

そもそも人権は、憲法に書き込んだから保障されるというものではありません。人である——ただそのことだけで保障されるものなのです。ですから、憲法に明文規定があるかどうかは、重要な問題ではないのです。

ちなみに、アメリカ憲法にもイギリス憲法にもフランス憲法にも、プライバシー権の明文規定などありません。みな解釈で対応しています。

＊

Q 憲法九条で「軍隊を持たない」としているのに、自衛隊が存在している。理想と現実がくい違っているんだから、現実に合わせたほうがいいのでは？

A

九条の理想は軍隊を持たないことだけれど、現実には自衛隊という軍隊があるのだから、そうした現実に合わせて憲法を改正するべきだという主張があります。しかし、理想と現実がくい違うからといって、改憲するべきなのでしょうか。たとえば、憲法一四条は「法の下の平等」を規定しています。ですが、現実には世の中に不平等はいくらでもあるし、残念ながら差別もあります。こうした現実があるから平等権の条項を削除すべきだという人はいないでしょう。二五条には「すべて国民は、健康で文化的な最低限度の生活を営む権利を有する」とあります。これも理想です。現実とはほど遠いことは、論を待たないと思います。ですが、これも改正しようという人はいないでしょう。つまり理想と現実がくい違うことは、改憲の理由にならないということです。理由は他にあるのです。現実との不一致を是正するため、という言葉に惑わされてはいけません。

確かに憲法、特に九条は理想かもしれません。しかし、憲法は前文の最後に「日本国民は、国家の名誉にかけ、全力をあげてこの崇高な理想と目的を達成することを誓ふ」といっています。理想であることは、当然の前提なのです。理想と現実は常にくい違います。

むしろ理想と現実がくい違うからこそ、憲法の存在意義があるのです。

理想と現実がくい違ったときに、理想を引き下げて現実に妥協するのか、理想を高く掲げたまま一歩でもそれに近づこうと努力するのか、私たちは自分の意思で自分の生き方を決めることができるはずです。

積極的非暴力平和主義や個人の尊重を理想として高く掲げて、それに一歩でも近づくように努力することこそ、今、国民に求められていることではないでしょうか。日本国憲法が施行されて二〇〇七年で六〇年です。アメリカやイギリスの憲法は二〇〇年、三〇〇年の歴史を持っています。これからの五〇年後、一〇〇年後の日本や世界のあるべき姿を指し示しているのが、私たちの憲法なのです。

おわりに

■「改憲」ではなく「壊憲」

　この本を書いているさなかに、改憲のための手続法である国民投票法が成立しました。衆議院の憲法調査特別委員会で、この重要法案が強行採決される様をみて、強い怒りを感じずにはいられませんでした。国のかたちを決める憲法のことが、政治家たちの、政党間の政争の具にされている。それは許されざる行為です。

　私が本書を書いた動機の一つは、「怒り」です。今の改憲への一連の流れは、憲法への冒とく、民主主義への冒とく、そして私たち国民への冒とくにあふれているからです。この状況は、「改憲」ではなく「壊憲」ともいえるものだと思います。

冒頭でも書きましたが、私は何がなんでも憲法を守るべきだという護憲派ではなく、憲法を尊重する立憲派だと自認しています。その私からすれば、憲法はあまりにも軽んじられており、この状況には納得がいきません。

第一章でも触れましたが、私が参考人として国会に呼ばれて、国民投票法について話をしにいったとき、半分ぐらいの議員しか出席しておらず、発表者が話をしている途中なのに、議員は出たり入ったり、まさに学級崩壊状態でした。もちろん中には、一生懸命に勉強して取り組んでいる議員もいらっしゃるでしょう。しかし事は憲法改正にかかわる重要な議論です。政治家にとって、国のかたちを決める憲法よりも大事な用事とはいったいなんなのだろうと思います。

憲法をよく知らない人たちが改憲を叫んでいる、ということに対しての怒りもあります。二〇〇五年の衆議院選挙で当選した新人の国会議員一〇〇人を対象に共同通信社がとったアンケートをみると、今や与党だけでなく民主党の議員たちも、ほとんどが改憲支持者です。彼らの改憲理由をみると、「六〇年も経って古くなったから」「時代に即さないから」「押しつけ憲法だから、自主憲法制定を」などが並び、具体的にこの条文をこう変えるべきだ、と述べている人はほとんど見あたりません。

憲法についてあまり知識もない人たちが、改憲を叫び、改憲こそが今の時代の潮流のようになっていることに、私は憲法を勉強した者として、強い憤りを感じると同時に、日本国憲法のすばらしさを伝えていかなければならないという責任も感じているのです。

■戦争に加担したくない

本書を書いたもう一つの動機は、「いかなる理由があっても、戦争という名前の人殺しに加担したくない」ということです。私は伊藤塾の経営者として、税金を払っています。もちろん、サラリーマンの方も同じように税金を支払っているわけですが、私のような立場だと、売上高や収入に対しての税金の額がはっきりと数字でみえる分だけ、その行方がとても気になります。自分が一生懸命に働いて稼いだお金のうちの何%かが税金になり、そのうちの何%かは、日米同盟を結ぶアメリカの軍隊が戦争をするために使われているはずです。

私たち日本人に自覚はなくても、私たちの税金はアメリカが行ってきた戦争に使われてきたのです。イラク戦争でもたくさんの民間人が殺されましたが、その殺す弾の一つに、自分が汗水たらして働いたお金が使われたかもしれないのです。自分にそんなつもりがなくても、いつのまにか、戦争に、人殺しに加担している。それをストップさせることができずにいる。これは私自身への怒りでもあります。そして九条改憲を認めてしまえば、ますますアメリカの戦争に同調することになります。

私は、長年憲法を勉強してきて、日本国憲法の九条や前文は、多くの人たちの犠牲の上に存在していると思っています。先の戦争で、被害者、加害者を問わず、すべての犠牲者の上に、この憲法はあると認識しています。憲法の九条や前文を捨てることは、命を落とした人たちを歴史上からも消してしまうことでもあるのです。言い換えれば、〝二度も無駄死にさせてしまう〟と思うのです。

戦争で亡くなった人にどういう意味づけをするのか？　それは今を生きている私たちの責任です。今の流れのままでは、殺された日本人の生命をないがしろにしている、そのことについての怒りがあります。

憲法を知ってしまった人間の責任に加えて、私には今を生きている人間としての、過去の犠牲者、そして未来を生きる子孫への責任があると考えています。もしこの憲法を、九条や前文を捨ててしまったとしたら、改憲を許したこの時代の日本人たちは、未来の日本人にどう評価されるのでしょう。または、どう審判されることになるのでしょう。そこまで考えて今を生きるべきではないでしょうか。

■矛盾に苦しむ中で憲法に出会った

かくいう私も、青春時代は自国の軍隊を持つべきだと考えていました。第三章でも触れましたが、私は中学時代、父親の仕事の関係からドイツで過ごしました。日本人ということでいじめられ、少数派の経験をするわけですが、アイデンティティを求めて日本の歴史の本ばかり読んでいた私は、すっかり「愛国者」となり日本に帰国します。そのころの私は、「日本がバカにされないためにも、アメリカに守ってもらわずに自国の軍隊ぐらいは持たないと、普通の国として他国に胸が張れない。憲法九条は変えて、ちゃんと軍隊を持つべきだ」と思っていました。そして、戦時中に戦死した若い兵隊たちに自分を重ね合わせ、国のために生命を投げ出す、それこそが大和魂だ、という少々陳腐なヒロイズムに酔っていた時期でもありました。

しかし、軍隊を持つとはどういうことかを考えると「普通の国＝民主主義の国であるなら、国民皆兵でなければいけない。自衛隊を自衛軍にしたとして、職業軍人だけが国を守り、また犠牲になるというのは矛盾している」と思ったのです。では、自分は軍隊に入ることができるのだろうか？　それは、できる。ならば戦地に行って戦って死ぬことになったらどうする？　それも、かまわない。

自問を繰り返すうちに、この問いにたどりついたのです。「自分は人を殺せるのか」――個人的になんの恨みもない、もしかしたら民間人かもしれない人を、命令だからと殺すことができるのか？　そう自らに問い、その場面を想像したとき、どうしても自分には無理だ、できないと思ったのです。

すると、大きな矛盾が生まれました。独立した主権国家ならば、自国で軍隊を持ち、国民皆兵であるべきだ。でも自分は軍隊に入っても、敵を殺すことなどできない。自分ができない人殺しを、他の人に押しつけて平気でいるというのは、いかにも卑怯《ひきょう》な行為ではないか……。

この矛盾に苦しんでいるとき、日本国憲法に出会ったのです。軍隊を持たない、武器を持たない、戦争をしない、それで国際貢献ができる——「積極的非暴力平和主義」です。これはすごい、すばらしいと感じました。その手があったか、と感動しました。逆転の発想ともいえる、普通の国になるのではなく、他国と違うやり方で誇りを持つ、という方法です。独立国家として、軍隊を持たず、世界のどこもやっていないことをさきがけてやることは、カッコいいと思ったのです。ああ、これで世界に対して胸が張れると思いました。

それは高校から大学にかけての、とても子供じみた発想だったかもしれません。ですが、私はそんなふうに自分の国を愛するやり方、誇りの持ち方、愛国心を作ってきました。誰に押しつけられたわけでもなく、自分でそのように考えて今にいたるわけです。

■ピンチはチャンスだ

日本国憲法に書かれている平和や人権について、長年かけて私はそれを学び、自分の経験や人との対話の中から、自分の考えを作り上げてきました。そうやって生まれてきたものを、私は今も人に伝えているわけです。

私は、特定の政党に加担しているわけでもありませんし、宗教心に基づいて話しているわけでもありません。私は二五年前から、同じスタンスで話をしています。昔はなんともいわれなかったのに、近ごろではすっかり、「左だ」とか「護憲派だ」とかいわれるようになりました。同じことを話し続けているのに、こんなにも反応が違うのか、という驚きはあります。

二〇年前なら講演の依頼を受け、こちらが「憲法の話をしましょうか」といっても、「憲法の話はいいよ。それより民法の話をしてくれ」「会社法について話してくれ」といわれたものです。ところがここ数年は、「ぜひ憲法の話をしてください」と頼まれ、私の憲法についての講演は、この数年間で一〇〇カ所以上にもなります。みなさんが、憲法の話を聞きたがっている、というのはうれしいことです。

小泉前首相の功罪はいろいろありますが、国民を憲法について目覚めさせてくれたこと、それが小泉さんのいちばんの功績ではないでしょうか。彼がイラクに自衛隊派遣をしなければ、靖国参拝を繰り返さなければ、国民はここまで憲法に目覚めなかったでしょう。こんなにも憲法が話題になることもなかったと思います。首相が憲法違反を繰り返したおかげで、国民が学ぶ機会を持てたのです。まさに「ピンチはチャンス」といえるでしょう。これは私が学生たちに対してよく使う言葉ですが、改憲の潮流についても当てはまると信じています。

「だから私たちは憲法を勉強して、力をつけよう。ピンチはチャンスだ」

最後までお読みいただいて、みなさんはどのような感想を持たれたでしょうか。その考えをもとに、ぜひまわりの人に意見を求めてください。「伊藤真はこういってるけど、私はこう思う。あなたは？」というふうに。この本をきっかけに、あちこちでいろいろな憲法論議が広がることを期待しています。

二〇〇七年六月

伊藤　真

伊藤 真（いとう まこと）

一九五八年生まれ。法学館館長、伊藤塾塾長。東京大学在学中に司法試験に合格。九五年に「伊藤真の司法試験塾」（その後「伊藤塾」に改称）を開設、親身な講義と高い合格率で「カリスマ塾長」として人気を博す。「市民のために働く法律家育成」をめざす一方で、「憲法の伝導師」として各種集会での講演活動も精力的にこなす。主な著書に『高校生からわかる日本国憲法の論点』『夢をかなえる勉強法』『会社コンプライアンス』などがある。

集英社新書〇三九九A

憲法《けんぽう》の力《ちから》

二〇〇七年七月二二日 第一刷発行
二〇一三年六月 八 日 第五刷発行

著者……伊藤《いとう》 真《まこと》
発行者……加藤 潤
発行所……株式会社集英社
東京都千代田区一ツ橋二-五-一〇 郵便番号一〇一-八〇五〇
電話 〇三-三二三〇-六三九一（編集部）
〇三-三二三〇-六三九三（販売部）
〇三-三二三〇-六〇八〇（読者係）

装幀……原 研哉
印刷所……大日本印刷株式会社 凸版印刷株式会社
製本所……加藤製本株式会社

定価はカバーに表示してあります。

ISBN 978-4-08-720399-8 C0231

Printed in Japan

a pilot of wisdom